本居宣長「うひ山ぶみ」

全訳注

白石良夫

講談社学術文庫

怖い人❶

平山夢明

ハルキ・ホラー文庫

角川春樹事務所

怖い人❶

平山夢明

ハルキ・ホラー文庫

角川春樹事務所

目次

『うひ山ぶみ』総論

『うひ山ぶみ』各論

凡例

一　本書は、本居宣長著『うひ山ぶみ』の本文・注釈・口語訳、および解説から成る。
二　『うひ山ぶみ』本文の底本には流布版本を使用し、以下のように整理した。
1　適宜、段落をもうけた。
2　漢字と仮名の使い分けは底本のままに従った。
3　仮名遣は歴史的仮名遣によった。ただし、「やう（様）」以外の字音語については現代仮名遣によった。
4　送り仮名・振り仮名を必要におうじて補った。
三　「総論」部分を内容的に一一に分け、見出しを付した。仮名遣は前項と同様に処理した。「各論」にも各項ごとに、適宜、見出しをつけた。
四　注釈は、宣長の思想やその時代的背景の理解に資することに意をもちいた。そのため、次のようなものについては注釈を省略したところがある。
1　国語辞書的な説明。
2　現代語訳で説明されるもの。
五　注釈中での引用文は現代仮名遣で校訂し、また必要におうじて現代語訳した。
六　現代語訳は達意であることをめざし、かならずしも逐語訳・直訳ではない。

本居宣長「うひ山ぶみ」全訳注

『うひ山ぶみ』解説

一　『うひ山ぶみ』の成立とその概要

執筆の経緯

寛政一〇年（一七九八）、伊勢松坂の本居宣長《もとおりのりなが》は、この六月にライフワーク『古事記伝《こじきでん》』の最終巻である第四四巻の清書を終えた。

賀茂真淵《かものまぶち》先生との生涯一度の対面が三四歳のときであった。あのとき、おそるおそる、古事記研究の志あることを口にしたところ、真淵から大いに励まされた。「自分もかねてより古事記研究の必要を痛感していたが、いかんせん、もはやそのような精力も時間もない」

そう真淵は言って、この事業をわかい宣長に託した。

以来、刻苦勉励。ひきもきらず訪れる門人への指導と講義、そして生活のための医業と並行して、古事記注釈の作業は怠ることがなかった。全巻清書完成の時点で、出版も第一七巻まで順調で、以後の続巻刊行もとどこおりなさそうであった。この年、宣長は数えの六九歳になっていた。九月一三日には、門人たちによって『古事記伝』の完成祝賀の宴がひらかれた。

祝賀会の席で、宣長は、数人の弟子たちから、かねて依頼されていた著述の執筆を慫慂《しょうよう》される。それは、初学者むけの古学の入門書であった。時間的余裕がないといってずっと手をつけていなかったのだが、『古事記伝』が完成した今となっては、それを断る理由がなかった。

さっそく宣長は執筆にとりかかり、翌月一〇月二一日の夜、書き終えた。学究生活四〇年で得た学問の要諦を簡潔にまとめる。古学（国学）があつかう範囲をさだめ、学問するものの心構えを述べ、さらには学問のあるべきすがたを論じ、契《けい》沖《ちゅう》にはじまる近世古学を歴史的に考察し、なぜにわれわれは古学をするのか、そのためにいかなる研究の方法があるのか、といったことを、学問の初心者にむかってわかりやすく語るのである。

巻末に、歌一首「いかならむうひ山ぶみのあさごろも浅きすそ野のしるべばかりも」（はじめての山歩きに着る粗末な麻布のような、こんな拙《つたな》いわたしの教えでも、せめて初学の標《しるべ》にはなるだろう）を添え、「うひ山ぶみ」と命名した。翌一一年五月刊行。版権は例によって宣長の鈴屋《すずのや》、印刷・製本・販売は旧知の書肆《しょし》永楽屋東四郎《えいらくやとうしろう》（名古屋）が引き受けた。のち、書肆をかえながら、幾度も刷りだされた。

内容について

版本『うひ山ぶみ』は一冊。全四三丁のうち、第七丁までには「総論」とでも呼ぶべき文章が当てられ、「総論」の各所に、注記のための㋑㋺㋩……の合印を付して、それ以下でくわしく「各論」を展開する。

本書では、いま「総論」を適宜、一一の段落に分けて、文中の語句をキーワードにして以下のような見出しをつけた。

【一】物まなびのすぢ
【二】みづから思いよれる方
【三】怠りてつとめざれば功はなし
【四】志を高く大きにたてて
【五】道の学問

【六】道をしるべき学び
【七】よく見ではかなはぬ書ども
【八】心にまかせて力の及ばむかぎり
【九】古書の注釈を作らんと早く心がくべし
【一〇】万葉集をよく学ぶべし
【一一】古風・後世風、世々のけぢめ

まず【一】で、学問を分類して、神学・有識《ゆうそく》・歴史・歌学の四科を立てる。そして、「ものまなび（すなわち学問）」といったときは、わが皇国の学問をさしていうべきだと主張する。これは、むかしから「学問」とだけいえば漢学のことであった、という反省のうえに立っている。宣長はそういった従来の日本人の発想を、万事もろこしを自分の国のごとく錯覚し、皇国を外国のように扱っているところから来るのだといい、それを「漢意《からごころ》」と見なす。ひとはともすれば漢意に陥りやすいので、学問を始めるにあたって、しっかりと「大和魂《やまとたましい》」を堅固にしておかねばならない。そのことを最初に言うのは、若者への訓戒のためである。

【二】では、どういう分野の学問をするにしろ、向き不向きをよく考えて取り掛からなければならない、と言う。でなければ、その成果は思うように上がらない。また、自分の主体性をもってすべきであって、他人がこれと押し付けることはできない。学問するものにとって重要なのは、志を高く持して、ただ年月長く倦まず怠らず、励みつとめることである。諦め挫折することがいちばんいけない（【三】【四】）。

そう言って、自分を頼ってくる初学者にたいして、これまでの古典研究から得た要諦をわかりやすく説く。

まず、学問の根本は何かという問題から入る。それは「道《みち》」を学ぶということであり、この「道」というのは、ひとり皇国日本にのみ伝わって、『古事記《こじき》』『日本書紀《にほんしょき》』の二典に記されているところの、神代・上代の、さまざまな事跡のうえに備わっているのである。だから、この二典の神代・上代の巻々を、繰り返し繰り返し熟読しなければならない、と【五】【六】【七】で論じる。そのうちでも、『古事記』を最優先しなければならず、次に『日本書紀』『古語拾遺《こごしゅうい》』。そして、道を知るのに重要な文献として『万葉集《まんようしゅう》』をあげる。

もちろんそれだけでは不十分で、「六国史《りっこくし》」に始まって、『延喜式《えんぎしき》』『新撰姓氏録《しんせんしょうじろく》』『和名抄《わみょうしょう》』『貞観儀式《じょうがんぎしき》』『出雲国風土記《いずものくにふどき》』『釈日本紀《しゃくにほんぎ》』『令《りょう》』『西宮記《さいぐうき》』『北山抄《ほくざんしょう》』なども、力の及ぶかぎり読まねばならない（【八】）。

それらを、順序を決めて初めから丁寧に読む必要はなく、何度も繰り返し読むことが大事であって、それによって理解が深まるのだと宣長は言う。そうやって学問の世界に入っていって、その大筋が理解できるようになったなら、次に古典の注釈を作るように心掛けるべきである（【九】）。

【一〇】【一二】において、宣長は、学問をする者に、『万葉集』をよく学んで、みずからも歌を詠まなければいけないと勧める。歌を詠まなくては、いにしえびとの心、風雅の趣を知ることができないからである。歌には、古風・後世風などと、時代ごとにその区別があるものだが、古学を学ぶ者は、古風をまず主として詠み、さらには後世風をも、無視せずに習い詠むべきである、と言う。

二　古道論としての古学

「からごころ」を排して

右にみるように、「いにしえの道」すなわち「古道」を学ぶことが古学の究極の目標であった。

宣長にとっての「道」とは何か。それを簡潔に述べたのが、『古事記伝』巻一（寛政二年刊）所収の『直毘霊《なおびのみたま》』である。

わが国の古代では、わざわざ「道」ということを言わなかった。道に名前をつけて観念的に論じるのは、異国（中国）でのことである。なぜなら、異国は定まった君主のいない国で、上下が相争って国を奪いあい、国が治まりがたかった。だから、ひとのおこなうべき「道」という教説を必要としたのである。

それにたいし、わが古代にはそういった教説はなかった。それでも、天下は治まり、皇統《こうとう》はずっと伝わってきた。教えとしての特別な道はないが、すぐれた道がおのずから存在していたゆえである。そのおのずからなるすぐれた道を、あえて「神道」と名づけるのは、書籍が伝来して異国の道が広まり、それと区別せねばならなかったからである。それ以後、漢意《からごころ》が横行したため異国の厳格な道によらなくては治まらなくなってしまった。それでも、わが国は皇統が無窮である。それはひとえに、わが日本の道がすぐれて正しい証拠である。この日本の古代の道は、天地自然の道でもなければ人間が作った道でもなく、神が始めた道である。それは『古事記』やその他の古文献に記されており、それを味読することがすなわち日本の道を知ることなのだ。

本来、人間というものは、ものごとを自然におこなうもので、特定のこれといった教えをうけて行動するものではない。自然におこなわれる道にさかしらを加えるのが儒教《じゅきょう》であり、それが日本に入ってから、日本人の心も堕落して異国風の教えが必要になった。特別な道のないところに日本の古道の特色があって、それを知ることこそ、神の道を学ぶことなのだ。

宣長の「道」とは、それ以前の呼称をつかえば、「神道《しんとう》」と呼ばれていた思想である。『日本書紀』や『古事記』、それよりも古いと信じられていた『旧事紀《くじき》』などを解読することによって神が支配したいにしえの日本像を闡明《せんめい》しようとする、それが神道だとすれば、畢竟《ひっきょう》、真淵・宣長ら近世古学の求めているところとおなじである。

言挙《ことあ》げしないのがわがいにしえの道だという宣長の論理には、従来の神道はあまりにも言挙げしすぎたのだという批判がある。しかも、それは仏教や儒教といった外来の言葉や概念や考え方を借りてせざるをえなかったため（なにしろ、日本のいにしえの神たちは言挙げしていなかったのだから）、真実のいにしえの道から甚だしく隔たってしまった。宣長の嫌う「からごころ」にすっかり染まってしまっているのが、既成の神道であった。

真淵や宣長の学問の究極は、いにしえの道を知るということであるが、学問をしてわが国のいにしえの道を知ろうとするならば、まずこの「漢意（からごころ）」を取り除かねばならない。かれらはくりかえしそのように強調する。

古代日本語でもって古代日本人の心を表現したのが、万葉の歌であり、記紀などに書きとめられた歌謡である。『古事記』は「からごころ」に染まらない神代や上代の事跡を、「からごころ」に染まらない文章で記した文献である。これらに習熟することによって「やまとたましい」を堅固にすれば、たとえ装飾の多い漢文で記された『日本書紀』やそのほか漢文で書かれたものを読んでも、外来思想に毒されることなく、真のいにしえの道を知ることができる。

「からごころ」を排して「やまとたましい」を堅持するというのは、孔子《こりし》が総大将になって日本に攻めてきたら、日本の儒学者たちはどうするか、そう問われて答えに窮する近世儒学を超克するのに有効な思想であった。日本学の古学は、近世思想史において、こうして中国と日本を空間的に相対化することができた。だが、これは、歴史の時間的な相対化から乖離《かいり》する可能性をはらんでいた。事実、それが尖鋭化した一部の古学者は、極端な復古主義に走り、やがて近代日本の国粋《こくすい》主義・皇国史観《こうこくしかん》に傾斜してゆく。その行き着く先が、あの不幸な戦争であったこと、贅言《ぜいげん》は要すまい。

なぜ『古事記』なのか

ところで、「記・紀」と併称される古代の歴史書は、今日では『古事記』のほうが一般に親しまれ読まれている。神話とか国の始まりといったとき、われわれは普通、『古事記』の話だとイメージする。だが、神話と国家創成の物語を『古事記』に結びつけるのは、それほど古いことではない。江戸時代までは、じつは『日本書紀』でもって、それらは語られていた。

『日本書紀』は、ずっとながいあいだ、勅撰の歴史書、すなわち国家の正式の歴史書の劈頭《へきとう》をかざるものとして尊重されてきた。その注釈や講読も平安時代初期からおこなわれていた。それにひきかえ、『古事記』は、ほかの史書にその編纂や講読の記事などのないことから、一時は偽書説まで唱えられた。古写本も、すでに平安初期のものが伝存する『日本書紀』にくらべて、『古事記』の最古のものは南北朝時代までしかさかのぼれない。それだけ等閑視されていたという証拠である。注釈も鎌倉時代後期の『古事記裏書《こじきうらがき》』『古事記上巻抄』がのこるだけで、それも片々たる語句の略注にすぎない。

江戸時代に入って、寛永二一年（一六四四）に版本が刊行されたことによって、ようやく『古事記』が流布するようになるのだが、『日本書紀』がその三〇年以上も前に勅版で上梓されていたことを思えば、その扱いの懸隔のほどが思いやられる。

貞享四年（一六八七）、出口延佳《でぐちのぶよし》により『鼇頭古事記《ごうとうこじき》』が出版された。古事記全文の本格的な注釈である。もっとも、著者は伊勢流の神道家であり、『日本書紀』や『旧事紀』の研究にも業績を残していることからわかるように、『古事記』を特別視していたわけではない。それは、次の時代の荷田春満《かだのあずままろ》にしても同様であろう。だが、本文が流布し、未熟とはいえ注釈がなされたということは、古代学の研究対象として『古事記』の存在が認められはじめたということであり、やがて真淵ら古学者の古事記観につながってゆく。

真淵は『冠辞考《かんじこう》』附言で、「古事記・日本書紀に同じ記録があるばあいは、古事記のほうを優先する。古事記は真実の古典だからだ。日本書紀は漢文に似せようとして書いているので、それを訓読するにあたっては、ひとを惑わせるところが多く混じっている」と言う。純粋な漢文で書かれた『日本書紀』は、漢文特有の過剰な装飾によって、いにしえの素朴な真の姿を描いていない。それどころか、それに馴染むことによって「からごころ」に染まってしまう。この真淵の記紀観に大いに影響されたのが宣長である。

真淵との出会いによって古事記研究に自信をえた宣長は、三〇年をこえる不断の努力のすえ、畢生《ひっせい》の大著『古事記伝』全四四巻を完成する。個々の説については修正すべき点もあるが、総体としてこれを凌駕する古事記注釈は、いまだ出現していない。『古事記』『日本書紀』の評価が逆転し、神話、国の始まりといえば『古事記』、という今日のイメージが定着するのは、じつに宣長の業績によってである。

三　古典研究としての古学

宣長の描く古学史——契沖の古学

ところで、『万葉集』をよく学んで歌の実作にも励まねばならないという部分、すなわち【一〇】【一一】に属する「各論」が、「総論」では約一割しか占めていないにもかかわらず、「各論」全体の約半分を割いている。

これは、宣長の語るところの古学史がその出発点を、今日のことばでいえば、国語学・国文学に置いているからであった。

古学の学統は、「契沖―荷田春満―賀茂真淵―本居宣長」というふうに受け継がれた、これが宣長の認識である（本書一五四ページ）。宣長にとって最初の古学体験は、宣長二十代のときの、足掛け六年の京都留学時代にあった。

　医者として立つべく京都に出た宣長は、医学修業のかたわら、漢学の師として堀景《ほりけい》山《ざん》についた。堀家は京都朱子学（儒教の一派）の名門だが、景山自身は日本の古典学にも造詣がふかかった。とくに契沖の学問を評価しており、宣長はその師に導かれて、『百人一首改観抄《ひやくにんいつしゆかいかんしよう》』『古今余材抄《こきんよざいしよう》』『勢語臆断《せごおくだん》』などの契沖の古典研究を知った。

　契沖は、寛永一七年（一六四〇）の生まれ。万葉学者として令名のたかかった下河《しもこう》辺《べ》長流《ながる》の影響で古典研究に入った。おりから水戸藩では『大日本史』編纂と『万葉集』校訂注釈の事業をおこしており、後者を長流に依頼した。が、長流は病気を理由に辞退、かわりに契沖を推薦した。こうしてできあがったのが、万葉研究史上の画期的業績というべき『万葉代匠記《まんようだいしようき》』である。

　契沖の古典研究の方法は、「この書（万葉集）を実証するには、この書より以前の文献をつかうべきである。……後世の学者の注釈だけに頼っていると、この集の本当のすがたを見失うことが多いだろう」（精撰本『万葉代匠記』惣釈）というものであった。ここでいう「後世の学者」とは、とくに中世の歌学を意識している。契沖は、後世の学者の注釈にたよってばかりいると、この集の本当のすがたに到達しない、『万葉集』の読解には、『万葉集』以前の文献を援用するという姿勢が肝要だ、と言う。古典の読解は、できるかぎりその作品と同時代の、あるいはそれ以前の文献から帰納する、という姿勢である。

契沖は、『万葉集』にとどまらず、古典研究全般にこの方法を適用した。その業績は語学・文学方面のことに限られてはいるが、近代的な学問の開拓者として、宣長は契沖をたかく評価するのであった。

契沖の学問のもつ近代性とは何か。さきの契沖自身の言、「後世の学者の注釈だけに頼っていると、この集の本当のすがたを見失う」に、それは隠されている。これはけっして、「後世の学者」の説が取るに足りないという意味ではない。「それだけに頼っていると」と言っているのであって、それがいけないのだ、と言うのである。「それだけに依拠する」というのが、契沖以前の学問の性格であったからだ。

中世において、学問というものは、師の手から、師がこれはと認めた弟子だけに伝えられる。その弟子は伝えられたことを、師とおなじように、今度は自分の弟子に伝える。さらにつぎの弟子も……というふうにして、この時代の学問は形成される。そこにおいてもっとも価値をもつのは、師から学問を伝授されるという、そのことであった。師の説を忠実に受け継ぎ、それをまた忠実に後世に伝える、これが中世の学問であった。したがって、そこでは当然、批判といった観念はそだたない。

学問が先生と弟子というせまい空間を出るということはない。いや、むしろそこでは、「秘す可《べ》し」ということばが、学問の積極的な原理となる。学問はみだりにその世界に出すべきものではなく、秘すことによってその権威も保証されるのである。秘伝秘説であること、それが学問であることを意味した。

契沖は、そのような前代の学問をさして、「この集の本当のすがたを見失うのだ」と批判する。その方法として、古典は古典の生まれた時代に帰って読まねばならない、と主張するのである。そうすることによってのみ、師説の無批判な継承では見えなかった古典の真の姿が見えてくる。

宣長が「この学問は近年になってようやく始まった」というのは、契沖によってはじめて、学問が秘伝秘説の伝授思想を脱して、批判的実証的な自由討究の精神を持ったことを言っている。それを如実に体現した言が、『玉勝間《たまかつま》』の「師の説になづまざる事」の一文である（本書二四一ページ）。

宣長の描く古学史二——真淵の古学

契沖の次に位置づけられる荷田春満《かだのあずままろ》（一六六九〜一七三六）は、京都伏見稲荷社の神職の家に生まれた。家学であるところの中世以来の神道説を学んだが、合理的なあたらしい学風の影響もつよく受けた。京と江戸をしばしば往復しているうちに、将軍吉宗《よしむね》にも信頼されるようになり、幕府書庫の書籍の鑑定をまかされ、また有職故実《ゆうそくこじつ》・古語などについての下問をうけた。晩年はその仕事を、甥で養子の在満《ありまろ》にまかせて京都にかえった。

東海道を往復する春満に出会ったのが、遠州浜松の賀茂真淵《かものまぶち》であった。真淵は、同地の伊場村賀茂新宮の禰宜《ねぎ》の子として、元禄一〇年（一六九七）に生まれた。地元の杉浦国頭《すぎうらくにあきら》らについて和歌や古典をまなんだ。国頭は荷田春満の門人であり、国頭の妻が春満の姪であったところから、その縁で真淵は春満に師事した。春満が隠棲して京に帰ってからは、上京してその教えをうけた。そして、やがて江戸に出る。江戸では豪商の村田春道《むらたはるみち》や幕臣の加藤枝直《かとうえなお》らの世話になっていたが、御三卿《ごさんきょう》のひとつ田安《たやす》家の当主宗武《むねたけ》に近づいた。

契沖の業績は、宣長が「歌書に限りてはあれど」というように、その範囲は語学・文学方面に限られていた。契沖の開拓した文献学的実証主義の方法を、記紀や古語・律令《りつりょう》・有職《ゆうそく》・歴史などの研究にもおよぼし、日本学としての古学の対象範囲を拡大したのが春満であった。真淵の学問は、契沖の文芸性と春満の思想性を受け継いだ。

真淵は、古学の目標を、いにしえの道を知る、ということにおいた。そのためには、「まず万葉集を学べ」と真淵は言う。

いにしえの道は『古事記』と『日本書紀』に記されている。だが、『古事記』も『日本書紀』も漢文で書かれている。いにしえの道を知るためには、いにしえびとの心を得なければならず、いにしえびとの心を得るためには、いにしえの言葉（古言）をじゅうぶんに習得したうえでないとかなわないのだが、その古言を習得するためにはどうすればいいか。そのためのもっとも重要な文献が『万葉集』である。なぜなら、いにしえの言葉はいにしえの歌にこそ遺されているからだ。『万葉集』をよく勉強して、さらに作る歌も古風に詠めば、自然にいにしえびとの言葉にも心にも習熟する。迂遠なようだけれども、とにかく『万葉集』をよく読みいにしえの言葉と心を理解して、そのうえで『古事記』や『日本書紀』を読む。そうすれば、からごころ（漢意）にまどわされることなく、日本のいにしえの道がおのずと明らかになる。

真淵が江戸に出たころ、荷田在満が田安宗武に仕えていた。歌人であり古学にもなみなみならぬ関心をもっていた宗武は、和歌に関する評論を在満に執筆させた。それで出来あがったのを『国歌八論《こっかはちろん》』という。だが、技巧主義的歌論を展開して『新古今集』尊重を主張する在満に、宗武は不満をもった。そこで、在満への反論を真淵に書かせた。さらに宗武もそこに参入して、後世、「国歌八論論争」と呼ばれる文学論争に発展する。『万葉集』にあこがれる宗武は、真淵のなかに自分と通じあう文学的志向を見いだした。

真淵は、在満致仕《ちし》後の田安家に出仕し、かたわら門戸をはって門人を指導した。集《つど》い来る弟子は、身分差や男女の別をこえて多彩であった。あたらしい学問である古学は、新興都市江戸を中心にして、真淵とその門流によって大流行する。

宝暦一三年（一七六三）、真淵は、田安家の公務出張で伊勢神宮をおとずれることがあった。京都での医学修業をおえた宣長は松坂に帰って、生活のための医業のかたわら鈴屋塾を興して、古典研究に励んでいた。真淵はこの若き後進におおきな期待をかけ、本稿冒頭で紹介したように、宣長の古事記研究の志を大いに奨励した。

古典の文献学的研究

日本の神の道を探究すれば、それを実践しようと考えるのは、これもある意味、自然の勢いといえよう。明治維新の思想的背景の一端には、古学の神道である復古神道《ふっこしんとう》があった。尊皇攘夷《そんのうじょうい》・天皇親政・太政官制・廃仏毀釈《はいぶつきしやく》・三条教則《さんじょうのきょうそく》等々、いわば復古神道の実践篇ともいえた。平田篤胤《ひらたあつたね》を中心とする復古神道は、水戸学《みとがく》や垂加神道《すいかしんとう》とともに、明治維新の思想的原動力となった。

もちろん古学がこぞってそういった実践に走ったわけではない。真淵や宣長の弟子たちの多くは、それら政治運動とは距離をおいていた。『うひ山ぶみ』にも言う。

学者はただ、道を尋ねて明らめ知ることをこそ、つとめとすべきである。わたくしに道を行うべきではない。であるから、じゅうぶんに古の道を考え明らかにして、その趣旨をひとにも教えさとし、ものにも書きのこしておいて、たとい五百年、千年ののちであれ、時至って為政者がこれを用いおこなって天下に敷きほどこすようになる世を待つべきである。

どちらが古学の主流であるか、これはそれを位置づけるものの立場によって違ってくる。日本儒教がすぐれて政治哲学的であったことは確実で、その対抗勢力として近世古学が生まれたと見るなら、たとえば島崎藤村《しまざきとうそん》の『夜明け前』の主人公青山半蔵《あおやまはんぞう》のような草莽《そうもう》の国学者が、古学の系譜の主流にあるとみなすこともできるだろう。

だが、古学はもともと古典の文献学的研究であったと見る近代の国語国文学にとっては、宣長の実子春庭《はるにわ》やこれも没後門人を称した伴信友《ばんのぶとも》などの業績こそが近世古学の主流というべきであろう。信友は古学のもつ考証主義を古代の広範な文献に及ぼし、明治以後の実証古代学の土壌を用意した。春庭の動詞の活用法則の研究は、こんにちわれわれの見慣れている文法教科書とそんなに変わりがない。

江戸の真淵の弟子たちとその業績も、その方面すなわち国語国文学研究において多彩である。早くからの弟子、加藤千蔭《かとうちかげ》・村田春海《むらたはるみ》は、すぐれた歌人であると同時に、古代語・古代文学に造詣がふかかった。楫取魚彦《かとりなひこ》は契沖《けいちゅう》仮名遣《かなづかい》の完成者である。塙《はなわ》保己一《ほきいち》は和学講談所《わがくこうだんしょ》を興し、古学の基礎資料である『群書類従《ぐんしょるいじゅう》』編纂出版の事業を成し遂げた。それを支援したのは、時の老中首座にして、あの田安宗武の実子、松平定《まつだいらさだ》信《のぶ》であった。定信自身も古学者であり歌人である。『群書類従』のスタッフには屋代《やしろ》弘賢《ひろかた》・大田南畝《おおたなんぽ》といった優秀な幕臣も結集した。そのほか、山岡浚明《やまおかまつあけ》・清水浜臣《しみずはまおみ》、江戸以外の真淵門田中道麿《たなかみちまろ》・荒木田久老《あらきだひさおい》・谷真潮《たにましお》ら、真淵門によって古典・古語の文献学的研究が一段とすすめられる。近代の国語学・国文学は、これら真淵・宣長らの業績の軌道のうえに築かれたといえるであろう。

近世古学が古典語・古典文学の研究から出発したように、宣長学もその本質は語学・文学の研究であった、とわたしは見なしたい。さきに、わたしは、宣長が『うひ山ぶみ』の「各論」で語学・文学方面の議論にきわめて多くの筆をついやしていることを指摘したが、このことが宣長学の本質を示しているといえよう。

宣長は、「道」を語るよりも、じつは「歌」を語ることのほうが性にあっている。「各論」(ム)で、はしなくもそれが露呈している。古風の歌を学んでみずからも古風に詠むことが「道」を知るためになると言いながら、すぐ「道のために学ぶすぢをば姑《しばら》くおきて、今は又ただ歌のうへにつきての心得どもをいはんとす」と言って展開する文学論は、真淵の影響のもと、わかいころから古典文学に親しんだ宣長の真骨頂をしめすものといえ、『あしわけ小船《おぶね》』『石上私淑言《いそのかみのささめごと》』『源氏物語玉《たま》の小櫛《おぐし》』などの歌論・文学論の総決算であることを、本書の注釈によって窺っていただきたい。

四　文学運動としての古学

なぜ古典主義文学か

いにしえの道を知ろうとするならば、まずいにしえの歌を学んで、古風の歌を詠み、いにしえの文を学んで、古風の文をつくり、古言をよく知って、『古事記』『日本書紀』を丁寧に読まなければならない。古言を知らなくては古意は知られず、古意を知らないではいにしえの道は知りがたいものである。

ひとというものは、言（コトバ）と事（ワザ）と心（ココロ）と、たがいに相応して、よく似ているものだ。たとえば心のかしこいひとは、言のさまもなす事のさまもそれに応じてかしこく、心のつたないひとは、言のさまもなす事のさまも、それに応じてつたない。男は、思う心もいう言もなす事も、男のさまである。女には、思う心もいう言もなす事も、女のさまがある。だから、時代時代の差もまたこれらと同様であって、心も言も事も、上代のひとは上代のさま、中古のひとは中古のさま、後世のひとは後世のさまがある。いう言となす事とおもう心と、相叶って似たものである。

それを、現在の世にあって、その古代のひとの言をも事をも心をも考え知ろうとするとき、古代のひとがいった言は歌に伝わって、なす事は歴史に伝わるが、その歴史も言をもって記しているのだから、言にほかならない。心のさまも、また歌によって知ることができる。言と事と心とは、そのさまが相関わっているのだから、後世においていにしえびとの思う心、なせる事を知ってその時代のありさまを正しく知るためには、古言・古歌にもとめるべきなのである。

こういった考え方から、古学者のあいだで擬古典的な和歌が詠まれる。いにしえを理解するための必修科目が万葉調の歌を詠むことであり、古今調・新古今調の歌を詠むことであった。

古学は、古典の実証的研究であると同時に、和歌をはじめとする創作活動における、古典主義文学運動でもあったのである。

擬古典和歌とは

古学勃興によってもたらされた古典主義和歌以前、歌壇の主流は京都二条派《にじょうけ》であった。中世和歌はひとしく藤原定家《ていか》を宗としたが、二条派では、おなじ定家が撰者であるところの、花のある『新古今集』よりも、地味ではあるが素直な歌風の『新勅撰集《しんちょくせんしゅう》』のほうを重んじた。そして、定家とならんでその子為家《ためいえ》が尊崇され、その平明温雅な歌風が好まれつづけた。

それは江戸時代に入ってもかわらず、『新古今集』よりも『新勅撰集』のほうが、作歌上のお手本と位置づけられた。たとえば烏丸光栄《からすまるみつひで》（一六八九〜一七四八）などはくりかえし弟子に、平生諳読玩味すべきものとして『新勅撰集』をすすめている（『烏丸光栄卿口授』）。光栄の、弟子の歌への最高のほめことばは、「素直《すなお》」であり、そのよりどころは『新勅撰集』だった。

ところが、この「素直」というのは、古学派のなかのいわゆる万葉主義者も口にすることばであった。そして、この二つの「素直」は、志向しているところが異なる。この相違が、伝統的な二条派和歌と新興の古学派和歌との違いを象徴している。

古学派の万葉主義者が万葉を理想とするゆえんは、実情実感の素朴・素直な詠みぶりにあるとする。そこから技巧を排した万葉風の歌を詠もうというのであるが、じつは素直で無技巧な万葉風を詠むことじたいが、江戸時代の歌人にとってすでに技巧であった。このことは、古学派歌人である宣長がすでに自覚していた。

現代人で万葉の古風を詠む人も、じつはおのれの実情を詠んでいるわけではない。万葉をまねた作りごとである。もし自分のいま思う実情をそのまま詠むのをよしとするなら、今の人は今の世俗のうたうような歌をこそ詠むべきであって、古人のさまを真似たりすべきではない。万葉をまねることじたい、すでに作りごとである。

後世に題をもうけて作為して詠むことの、どこが悪いというのか。よい歌を詠もうとするには、数多く詠まなくてはならず、多く詠むには題がなくてはならない。

これらも自然の勢いというものである。（『うひ山ぶみ』）

古学派歌人のいう万葉の「素直」は、現代では失われ、歴史のなかにしか存在しない。擬古の歌はそれを真似るのであるが、素直な歌を詠むといっても、それはどこまでも知識の世界での営為にほかならない。和歌の修辞になれた現代歌人が、万葉や記紀歌謡の語彙をつかって、あたかも無技巧な詠風を演じるのは、もっとも技巧を要するところであるだろう。そもそも後世の人間が擬古典主義の歌を詠むのは、技巧なしては不可能なことである。

古学派の万葉風は、宣長のいう「作りごと」にすぎないのだが、宣長の新古今風の歌だとて、「作りごと」である。宣長自身はそれを自覚していた。自覚していたからこそ、かれは意識的に「古風」「後世風」と区別して歌を作るのである。古学の和歌が擬古の歌であるかぎり、そうであらねばならないからだ。

和歌史の古学

従来の近世和歌史でよく言われるのに、こういうのがある。

――晩年の真淵は万葉の調べを好み、それを受け継いだ弟子は楫取魚彦や加藤宇万伎《うまき》であった。同門の千蔭や春海には古今調にちかい歌風があり、宣長の歌は新古今調である、などと。そして、こういった公式にのっとって、近世の歌人を、万葉調歌人・古今調歌人・新古今調歌人と色分けする。幕末にいたって、大隈言道《おおくまことみち》や平賀元義《ひらがもとよし》などの、そういった古典和歌に縛られない地方歌人が登場し、それが近代短歌への土壌を用意した、と。

そして、古学派の古典主義和歌が江戸時代の和歌の本流であった、とする。というよりも、それを自明のこととして和歌史を記述するものだから、「本流であった」という主張さえない。それがこれまでの近世和歌史である。

だが、それが近世和歌の、あるいは近世和歌史の相対的で客観的な把握といえるだろうか。

元来、「万葉調・古今調・新古今調」といった把握のしかたは、古学という文学研究が古典和歌を史的に叙述するときのものであった。契沖の『万葉代匠記』の「惣釈」あたりから、それが始まり、真淵ら古学者たちによって古典和歌理解の枠組として作られた。これらは、あくまでも古典和歌の調べあるいは風体をさしてのことばであって、古典作品の時代的傾向を記述するための歌学用語であった。真淵が称する「ますらおぶり」は万葉時代の歌をさして言っているのであり、「たおやめぶり」と言ったときはそれが古今時代の歌の調べの一般的傾向をさしていた。幕末の橘《たちばな》守部《もりべ》の歌格研究（『短歌撰格』『長歌撰格』）も、古典和歌の歴史的研究であった。

そういった歴史的研究や評論活動を通して擬古の歌の創作をすれば、みずからの実作和歌を自覚的に称するとき、右のごとき古典把握の枠組と重なるのは理の当然である。『うひ山ぶみ』「総論」の「古風・後世風、世々のけぢめ」の段やその「各論」（ノ）（オ）で展開する議論は、そういった明確な認識が宣長にあったことを物語っている。爾余《じよ》の古学派歌人たちも、程度の差はあっても、同様の自覚はもっていた。だが、そういった枠組の議論では、古学派和歌の「素直」は理解できても、堂上派《どうじょうは》の「素直」を説明することはできない。

自分たちの生きる時代の「素直」には、いにしえびとの心を知る手段として作歌する古学派和歌よりも、より現実的な、というか日常に密着した文学の営みがある。のちの小沢蘆庵《おざわろあん》の提唱する「ただことうた」もそういった環境から生まれた。堂上派和歌には、古典としての万葉・古今・新古今はあっても、みずからの作る歌を「万葉調・古今調・新古今調」と意識する発想そのものは、なかったであろう。

伝統文芸である和歌の世界では、京都歌壇は、新興の古学和歌の影響下には、ほとんどなかったといっていい。むしろ逆に、江戸の地において、真淵らの古学流行と並行して、幕臣歌人を中心に京都を本拠とする江戸堂上派歌壇が形成される。

毎年の勅使《ちょくし》の江戸下向、その返礼のための京都出張、京都所司代《しょしだい》や諸藩京都屋敷の存在、さらには大名家における公家との婚姻（大名の正妻と京から来た従者は江戸屋敷に住む）など、江戸の武士とくに幕臣は、意外に京の文化との接点がおおかった。元禄期の戸《と》田《だ》茂《も》睡《すい》なども、はやい時期のそういった環境にいた。

かれらの活動によって、古学派の古典主義和歌とはちがった堂上和歌が江戸の地にひろがっていった。その代表が、石野広通《いしのひろみち》・萩原宗固《はぎわらそうこ》・成島錦江《なるしまきんこう》・磯野政武《いそのまさたけ》・横瀬《よこせ》貞《さだ》臣《おみ》・宮部義正《みやべよしまさ》らである。武者小路実陰《むしゃのこうじさねかげ》に学んで晩年江戸で歌学をおしえた連阿《れんあ》、江戸に下向した烏丸光栄に学んだ亨弁《こうべん》などのような存在もあった。江戸に出てきたばかりの真淵を庇護した加藤枝直（町奉行所与力）も、望月長孝《もちづきちょうこう》の流れをくむ堂上派歌人の師について和歌を学んでいた。

枝直にかぎらず、江戸の古学派の人たちにとって、堂上の和歌・歌学は、かならずしも敵対するものではなかった。京都で有栖川宮職仁親王《ありすがわのみやよりひとしんのう》に仕えていた賀茂季鷹《かものすえたか》が、おなじ職仁親王門下の三《み》島自《しまじ》寛《かん》をたよって江戸にやって来て、その自寛が千蔭・春海らと親交のあつかったこともあって、かれら真淵門下のひとたちの多くが季鷹のところに集まった。それだけでなく、季鷹のほうからも、たとえば頼まれて千蔭邸で『源氏物語』の講釈を、何度かにわたって催している。おそらく江戸古学派と京都堂上派との架橋の役割をこの季鷹が担ったのであろう、千蔭らは積極的に、京の妙法院宮《みょうほういんのみや》真仁法親王《しんにんほっしんのう》のサロンに接近した。千蔭は、サロンのメンバーのひとり富小路貞直《とみのこうじさだなお》卿と親しく、家集『うけらが花』に、ふたりの贈答の歌が所収される。家集名「うけらが花」も、千蔭が貞直卿に贈った歌のなかのことばから命名したほどであった。

そこには、伝統文化の地、京都への憧れの感情がみてとれる。平戸《ひらど》藩の殿様松浦静山《まつらせいざん》は、江戸屋敷で記すその随筆『甲子夜話《かっしやわ》』のなかで、このふたりの贈答歌の千蔭の作品のほうを評して、「京都の縉紳家《しんしんか》にも恥じないできばえだ」と言う（巻六）。つまり堂上こそが和歌の世界を領導しているのだという意識、これがこの時代の常識であった。

ちなみに、真淵の弟子・孫弟子世代が活躍していた文化二年（一八〇五）、『万葉集』の新刊が出版された。すでに古学派万葉学は学界の最先端にあったから、外題に「校異」と銘うったこの『万葉集』版本には、あたらしい研究成果の取り入れられていることが期待されるであろう。だが、この新刊『万葉集』では、古学派万葉研究がまったく無視されている。なぜなら、校訂者が京都堂上派歌人の橋本経亮《はしもとつねすけ》と山田以文《やまだもちぶみ》であり、版元が朝廷の書物御用をつとめる老舗《しにせ》の本屋、出雲寺文治郎《いずもじぶんじろう》だったからである。この版本が江戸後期にもっとも流布した万葉本文である。

以上のように見てきて相対的に近世和歌をとらえようとすれば、この時代の和歌文学の中心・正統は、中世以来の伝統を引き継いでいた堂上派にあって、古学派の古典偏重の歌は、その周縁に新しくおこった、よくいえば革新的、同時代の保守派からみれば異体・異風・異端のグループだった、と言えよう。

五 いま、なぜ『うひ山ぶみ』なのか

学問は即効薬ではない

学んだ知識が社会生活に直接役にたつ学問を、実学という。この伝でゆくなら、文学・哲学の研究などは、さしずめ〈虚学〉ということになる。

その〈虚学〉をもって身を立ててゆこうと選択する者は、みずからの環境がかなりなていどに整っていないと（たとえば、身内や身近に〈虚学〉をもって身を成したひとがいたりしないと）、たいへんな忍耐を強いられる。そうじて周囲は無理解であるから、ひとはおのれの生き方をわかってくれない、という思いにつねに悩まされる。それに抗し、なおかつ打ち勝ってゆくだけの覚悟が、〈虚学〉をこころざすものには求

められる。

いつの時代にも、そうであった。わたしの学生時代、石油ショックがあって日本経済の高度成長がとまり、大学でもそれまでもてはやされていた科学技術系の評価が下がったことがある。価値観がひっくりかえったのであるが、だからといって、〈虚学〉である人文系への評価が変わったかというと、そんなことはなかった。上昇もしなければ下落もしなかった。科学技術の評価の下落が一時的だったのに、こと〈虚学〉に関するかぎり、社会の評価は不変であった。低いままで。

社会の要求というものは性急である。とくに、めまぐるしく変化する現代にあっては、社会は、いますぐ役にたつものを欲しがる。学問にも、それを求める。即戦力になる学問を期待するのである。

だが、いささかなりとも学問の世界に足をふみ入れたことのあるひとなら、本当の学問・研究がそんな即効薬みたいなものでないことはじゅうぶん知っている。即効薬をつくるには、まずその前に地道な基礎研究の時間がなければならず、だが、基礎研究そのものは、じつは現実社会でほとんど直接の役にはたたないのである。社会生活に直接役にたつかどうかは、だから、その学問が社会に貢献しているかどうかの指標にはならない。そもそも、学問や研究というものは、俗世間のいとなみとは縁が薄いものなのだ。ノーベル賞受賞者の知名度が受賞前後で天地のひらきのあることが、それを如実に示している。

基礎研究は、たしかに現実の社会には直接の役にたたない。だが、間接的にかならず社会との接点がある。だが、それは、目に見えて顕著ではない。せっかちな人間はそれを、「役にたたない」というのである。

学問には、その成果が見えるようになるまでに長い時間を要する分野がある。そのような長い時間がたつと、成果が見えるようになっても、社会と学問との接点はどうしても見えづらい。当の研究者でさえ、往々にしてその接点を捜しあぐねている。しかし、くりかえして言うが、学問は即効薬ではない。即効薬ではないが、それなくして即効薬はつくれないのである。

成果結果のあらわれるまでに長い時間を要し、社会との接点が理解されにくい学問、それが〈虚学〉であり、哲学や文学といった人文学はまさに〈虚学〉そのものである。

思いくずおれて止《や》むことなかれ

右は、かつて『学士会会報』に書いた文章の一部である。これがある大学の入試問題に使われたことがある。それも、工学部建築学科の小論文で、わたしの考えを批評しろという設問であった。出題者の理工系研究者は、文学・哲学の話に限ったわたしの考え方に共鳴したのである。そういえば、掲載雑誌の読者数人から手紙をいただいたが、いずれも理工系の研究者であり、「よくぞ言いにくいことを言ってくれた」という感謝に近い感想であった。

それにたいして、当の人文系の研究者からの反応は、がっかりするほど、ノシのつぶてだった。が、これはけっして、人文系学者がわたしの提起した問題に無関心だからというわけではない。かれらは、わたしの言っていることなど先刻承知なのだ。基礎研究というものに世間は冷たいということを、〈虚学〉をやっているゆえに、身にしみて知っているのだ。もはや諦めの境地で、武士は食わねど高楊枝をきめこんでいる。そうでもしなければ、精神の安定をたもって〈虚学〉などしておれない。かれらには、身近な問題として理解できるだけに、わたしの発言がいささか屈折した空回りの遠吠えにしか聞こえない。

だが、それでいいのだろうか。

研究にかける銭《ぜに》の額でいえば、理工系は人文系の比ではなく、高楊枝をくわえて斜《しゃ》にかまえているわけにはいかない。だからといって、基礎研究の不遇をかこつのは理系基礎学の領分、などとわれわれ人文基礎学に携わるものが無関心をきめこんでいいのだろうか。

これから先、日本は文系・理系をとわず、知的基礎体力をつける発想もシステムもなくしたまま少子化に突入してゆくのではないか、という危惧をわたしはもつ。基礎学そのものは、金を生まない。だが、ながい将来にわたって民族の繁栄を支える技術や思考、それを創生し鍛えてゆくには、そのための基礎体力が要る。その基礎体力となるのは、結局、社会との接点が見えにくい学問、つまり〈虚学〉（＝教養）と呼ばれるものであるだろう。

『うひ山ぶみ』は、「いにしえまなび」という虚学（教養）の入門書であり、「持続こそ力なり」を実践した碩学《せきがく》の、後進に送るエールである。かつて、多くの日本の向学心に燃えた若者たちは、「思いくずおれて止むことなかれ」ということばに励まされた。それは、〈虚学〉が社会から見棄てられそうになりつつある現代、それでも〈虚学〉にこころざす若者にむけた励ましとなるであろう。

『うひ山ぶみ』総論

物まなびのすぢ

(イ)世に物まなびのすぢ、しなじな有りて、一《ひと》やうならず。

そのしなじなをいはば、まづ神代紀《じんだいき》をむねとたてて、道《みち》をもはらと学ぶ有り。これを神学《しんがく》といひ、其人を神道者《しんとうしゃ》といふ。又、官職・儀式・律令《りつりょう》などをむねとして学ぶあり。又、もろもろの故実《こじつ》・装束《しょうぞく》・調度《ちょうど》などの事をむねと学ぶあり。これらを有識《ゆうそく》の学といふ。又、上は六国史《りっこくし》其外の古書《いにしへぶみ》をはじめ後世《のちのよ》の書《ふみ》共まで、いづれのすぢによるともなくてまなぶもあり。此すぢの中にも、猶分けていはば、しなじな有るべし。

又、歌の学び有り。それにも、歌をのみよむと、ふるき歌集・物語書《ものがたりぶみ》などを解き明《あき》らむるとの二《ふた》やうあり。

【注釈】

神代紀　『日本書紀』巻一・二をさしていう。天地《てんち》開闢《かいびゃく》から鸕鷀《うがや》草葺不合尊《ふきあえずのみこと》にいたる時代を対象とする。古来、神の代の歴史として、巻三以下の人皇《にんのう》の時代と区別した。古代文献のなかでもっとも重視され、神道《しんとう》の聖典とされた。

官職　「官」は朝廷における公的な地位。「職」はその職掌・職務の内容。律令《りつりょう》では職員令《しきいんりょう》に規定されているが、必要におうじて設置された官職（令外《りょうげ》の官）もおおかった。

儀式　朝廷でおこなわれる行事、およびその礼儀作法。古くから中国風の儀礼が入ってきたが、平安時代にそれらを集成して『弘仁内裏式《こうにんだいりしき》』『貞観儀式《じょうがんぎしき》』などが編纂された。

律令　古代の成文法典である「律《りつ》」と「令《りょう》」。今日の法概念にあてはめるなら、ぴったり一致するわけではないが、律は刑法、令は民法・行政法。江戸時代に入って、慶長一九年の幕府による律令格式採訪の一環として、金沢文庫本『令義解《りょうのぎげ》』『令集解《りょうのしゅうげ》』の転写本が幕府の書庫に入った。それを底本として慶安三年に『令義解』が刊行され、これが契機となって、以後、壺井義知《つぼいよしちか》・荷田春満《かだのあずままろ》・同在満《ありまろ》・下田師古《しもだもろひさ》・曾我部元寛《そがべもとひろ》・河村秀穎《かわむらひでかい》・同秀根《ひでね》・同益根《ますね》・神村正鄰《かみむらまさちか》・稲葉通邦《いなばみちくに》・塙保己一《はなわほきいち》・村田春海《むらたはるみ》・石原正明《いしはらまさあきら》・伴信友《ばんのぶとも》・足代弘訓《あじろひろのり》・薗田守良《そのだもりよし》・栗原信充《くりはらのぶみつ》・近藤芳樹《こんどうよしき》などの努力によって律令研究は飛躍的に進展した。利光三津夫「律令研究史」（滝川政次郎『律令の研究』所収）参照。

故実　儀式・典礼・法令・行事・作法・慣習などの規範とすべき先例のこと。『貞丈雑記《ていじょうざつき》』巻一五「公家《くげ》方にては、昔神武《じんむ》天皇以来定め置かれし事を故実と云い、武家にては、頼朝《よりとも》卿以来京都将軍（室町幕府）などの定め置かれし事を故実と云う也。むかしの法式の事を故実と心得べし」。

装束・調度　「装束」は衣冠・束帯などの礼服。「調度」は諸行事における道具類。地位・職掌・年齢・性別、季節や公式・略式の別などによってこまかい規定があった。いずれも有職故実の中心。江戸時代になって、滋野井公麗《しげのいきんかず》・野宮定晴《ののみやさだはる》などによって平安王朝風が復活した。民間でも古典理解のための装束調度研究が盛んになり、新井白石《あらいはくせき》・速水房常《はやみふさつね》・大塚嘉《おおつかよし》樹《き》・伊勢貞丈《いせさだたけ》・藤貞幹《とうていかん》などの研究がある。大名では松平定信《まつだいらさだのぶ》がお抱えの絵師をつかって、古刹・名家秘蔵の古画を摸写させる事業をおこしたが、これも古代の装束調度の研究資料蒐集の一環であった。

有識の学　故実に精通すること。宮廷行事の形式化にともなってそれを家職とする家柄ができ、その風が武家にも受け継がれ、ひとつの学問として「有職故実」という分野が成立。『貞丈雑記』巻二「有識の人と云うは、物知りの事也。……公家の故実のみに限らず、何事にても物しりをば、皆な有識の人と云う也。公家故実知りたるは公家の有識也。武家の故実知りたるは武家の有識也。識の字、モノシルとよむ也」。→【余録】

歌をのみよむと、ふるき歌集・物語書などを解き明らむるとの二やう　実作と研究。ふるく歌の学問は、歌を詠むためにあった。宣長も実作と研究は不即不離だとする。しかしながら、研究が精緻になれば、二つが乖離してくるのは自然の趨勢である。とくに古学による古典研究の深化がそれを助長する。各論（オ）「さまざまよきあしきふり」でも詳しく述べる。そういった風潮は堂上《どうじょう》歌壇においても意識されていたらしく、たとえば『烏丸光栄卿口授《からすまるみつひできょうくじゅ》』に、難解な古歌を解釈しようとする努力の無意味なことを言い、「人に尋ね、抄物などをひろく見れば皆しるれども、我が歌際《うたぎわ》のよみかたの手本にならず。歌学者のみにてやむ。……とかく、歌学者にはならず歌詠みには成りたしと心がくべし」と忠告する。

【口語訳】

世に学問の分野はさまざまあって、一様ではない。

その多様な学問をおおきく分ければ、まず『日本書紀』神代巻を中心にして、もっぱら道をまなぶ学問がある。これを神学といい、その人を神道者という。また、官職・儀式・律令などのこと、またいろいろの故実・装束・調度などのことをまなぶ学問がある。これらを有識の学という。また、六国史そのほかの古文献をはじめ後世の書物を、右のこととは違った視点で学ぶものもある。この学問は、さらに細かく分類できる。また、歌の学びというものがある。それにも、もっぱら歌を作るだけと、古い歌集や物語などを研究するのと、ふたとおりの学問がある。

【余録】

「有識」は、慣用的にユウソクと発音する。一般に「有職」と書かれるが、本来は「有識」の字が正しいとされる。伊勢貞丈が次のように考証する（『安斎随筆《あんさいずいひつ》』巻四「有職者」）。――官職そのほか公家の故実を知っている人を「有職者」といい、また略して「職者」ともいう。これは地下《じげ》でいうだけではなく、堂上衆でも言い習わされたことばである。だが、これは後世の俗言で、「職」の字をつかうのは誤りである。もともとは「識」の字が正しい。「有識」の「有」は有徳・有司などの「有」と同じく、タモツという意味。「識」は智識のことで、モノシル。智識を身にたもつ人を「有識者」といって、ようするに物知りということである。「識者」もおなじ。「有識」「識者」、ともに漢語であって、公家の故実に詳しければ公家の有識者、武家の故実に精通していれば武家の有識者ということになる。どんな分野でも、それぞれに有識者は存在する。ユウソクの語は、はやく『続日本紀』『三代実録』などに用例があるが、いずれも儒学の物知りという意味で使われており、字は「有識」である。後代、官職のことを知るのをユウソクというのだというふうに誤って考えられ、「識」を「職」と取り違えたのである。

みづから思ひよれる方

大かた件《くだり》のしなじな有りて、おのおの好むすぢによりてまなぶに、又おのおのその学びやうの法《のり》も、教ふる師の心々、まなぶ人の心々にてさまざまあり。

かくて学問に心ざして入りそむる人、はじめよりみづから思ひよれるすぢありて、その学びやうもみづからはからふも有るを、又さやうにとり分きてそれと思ひよれるすぢもなく、まなびやうもみづから思ひとれるかたなきは、物しり人につきて、「いづれのすぢに入りてかよからん。又うひ学びの輩《ともがら》のまなびやうは、いづれの書《ふみ》よりまづ見るべきぞ」など問ひ求むる、これつねの事なるが、まことに然《しか》あるべきことにて、その学びのしなを正し、まなびやうの法《のり》をも正して、ゆくさきよこさまなるあしき方に落ちざるやう、又其業《わざ》のはやく成るべきやう、すべて功《いさをし》多かるべきやうを、はじめよりよくしたためて入らまほしきわざ也。同じく精力を用ひながらも、そのすぢそのまなびやうによりて得失《よしあしき》あるべきこと也。

然はあれども、まづかの学びのしなじなは、他《ひと》よりしひてそれをとはいひがたし。大抵みづから思ひよれる方にまかすべき也。

いかに初心なればとても、学問にもこころざすほどのものは、むげに小児の心のやうにはあらねば、ほどほどにみづから思ひよれるすぢは必ずあるものなり。又、面々好むかたと好まぬ方ども有り。又、生れつきて得たる事と得ぬ事ども有る物なるを、好まぬ事得ぬ事をしては、同じやうにつとめても、功《いさをし》を得ることすくなし。

又、いづれのしなにもせよ、学びやうの次第も、一《ひと》わたりの理《ことわり》によりて「云々《しかじか》してよろし」とさして教へんは、やすきことなれども、そのさして教へたるごとくにして、果してよきものならんや、又思ひの外にさてはあしき物ならんや、実《まこと》にはしりがたきことなれば、これもしひては定めがたきわざにて、実はただ其人の心まかせにしてよき也。

【口語訳】

おおよそ上述のような分野があって、それぞれの関心に従って学ぶのであるが、その学びの方法は、教える人、学ぶ人によってまたさまざまである。

学問を始めようという人には、はじめからこれをやろうと心に決めて、その学び方も自分の力で獲得できる人がいる。だが、とくにこれをやりたいといったものが見つからず、学びの方法もわからないという人は、専門家に就いて、「どんなことをやればいいか。初学者はどんな本を最初に読めばいいか」といったことを尋ねる。よくあることだが、まことにそうあるべきであって、進むべき方向を向き、正しい方法でもって、将来まちがったほうに行かないように、また成果がはやくあがるように、その実りが大きいものであるように、はじめからよく知っておいて学問の道に入りたいものである。おなじように精力を費やしても、自分にむかない分野や間違った方法では、その得るものはおおきく違ってくるからだ。

とはいっても、どういう分野の学問をやるかは、他人がこれと押し付けることはできない。自分が選ぶべきものである。

いかに初学者とはいえ、学問に志すほどの人なら、まったく無垢の子供ではないのだから、自分はこれをやりたいというものがあるはずである。また、人それぞれに好き嫌いがあり、向き不向きもある。好きでもないことや不向きなことをやるのでは、どんなに努力しても、その成果は少ない。

どんな学問でも、その学び方の次第を、通り一遍の理論でもって、こうすればいいと教えることはたやすい。だが、教えたとおりに実行して、はたしていいものなのか、思いがけず悪いものなのか、じつはそんなことは予測できない。だから、これも、他人がそれと決めることはできない。結局は、本人が決めることであろう。

怠りてつとめざれば功はなし

詮《せん》ずるところ学問は、ただ年月長く倦《う》まずおこたらずして、はげみつとむるぞ肝要にて、学びやうは、いかやうにてもよかるべく、さのみかかはるまじきこと也。いかほど学びかたよくても、怠《おこた》りてつとめざれば功《いさをし》はなし。

又、人々の才と不才とによりて、其功いたく異なれども、才・不才は生れつきたることなれば、力に及びがたし。されど、大抵は、不才なる人といへども、おこたらずつとめだにすれば、それだけの功は有る物也。

又、晩学の人も、つとめはげめば、思ひの外、功をなすことあり。又、暇《いとま》のなき人も、思ひの外、いとま多き人よりも功をなすもの也。

されば、才のともしきや、学ぶことの晩《おそ》きや、暇のなきやによりて、思ひくづをれて止《や》むることなかれ。とてもかくても、つとめだにすれば出来るものと心得べし。すべて思ひくづをるるは、学問に大きにきらふ事ぞかし。

【注釈】

晩学の人も、つとめはげめば、思ひの外、功をなすことあり　新井白蛾《あらいはくが》『聖学自在《せいがくじざい》』巻中に、「古人晩学を以て上達せし人々」として、荀卿《じゅんけい》（戦国時代の儒者）・朱雲《しゅううん》（前漢の忠臣）・皇甫謐《こうほひつ》（西晋の学者）・公孫弘《こうそんこう》（前漢の学者）・老泉《ろうせん》（宋の学者）・王羲之《おうぎし》（東晋の書家）・高適《こうせき》（唐の詩人）・杜甫《とほ》（同）・李白《りはく》（同）・蘇《そ》杜衍《とえん》（宋の政治家）をあげる。これらの人物は中国でも晩学の典型とされた（『五雑組《ござつそ》』）。

【口語訳】

ようするに、学問は、ただ年月長く倦まず怠らず、励みつとめることが肝要なのだ。学び方はどのようであってもよく、さほどこだわることはない。どんなに学び方がよくても、怠けてしまってはその成果はおぼつかない。

また、人の才能のあるなしによって、学問の成果は異なるのだが、才・不才は生まれつきのことであるので、いかんともしがたい。しかし、たいていは、才能のない人でも、怠けずに励みつとめさえすれば、それだけの成果はあがるものである。晩学の人でも、つとめ励めば、意外な成果を出すことがある。勉強する時間がないと言っている人も、案外、時間のある人よりも成果をあげることがある。であるから、才能がないとか、出発が遅かっただとか、時間がないとか、そういうことでもって、途中でやめてしまってはいけない。とにもかくにも、努力さえすれば出来るものと心得るべきである。諦め挫折することが、学問にはいちばんいけないのだ。

志を高く大きにたてて

さて、まづ上の件《くだり》のごとくなれば、まなびのしなも、しひてはいひがたく、学びやうの法《のり》も、かならず云々《しかじか》してよろしとは定めがたく、又、定めざれども実《まこと》はくるしからぬことなれば、ただ心にまかすべきわざなれども、さやうにばかりいひては、初心の輩《ともがら》は取りつきどころなくして、おのづから倦《う》みおこたるはしともなることなれば、やむことをえず、今宣長《のりなが》がかくもやあるべからんと思ひとれるところを、一《ひと》わたりいふべき也。然れども、その教へかたも、又人の心々なれば、吾はかやうにてよかるべき歟《か》と思へども、さてはわろしと思ふ人も有るべきなれば、しひていふにはあらず。ただ己《おの》が教へによらんと思はん人のためにいふのみ也。

そは、まづ(ロ)かのしなじなある学びのすぢすぢ、いづれもいづれも、やむことなきすぢどもにて、明らめしらではかなはざることなれば、いづれをものこさず学ばまほしきわざなれども、一人の生涯の力を以ては、ことごとくは其奥《おく》までは究《きは》めがたきわざなれば、其中に主《むね》としてよるところを定めて、かならずその奥をきはめつくさんと、はじめより(ハ)志を高く大きにたてて、つとめ学ぶべき也。然《しか》して、其余《あまり》のしなじなをも、力の及ばんかぎり学び明らむべし。

【口語訳】

右のようなことなので、どういった学問がいいとかは言いがたく、学び方も、絶対こうしたらいいとは決めがたいものである。また、そのようなことは決めなくてもいいことであって、ただ本人の考えるがままにすればいいのである。しかしながら、そんなふうにばかり言っていては、初学者には取り付きどころがなくて、おのずと怠け心がおこるきっかけにもなる。だから、やむをえず、「こうしたらどうだろう」とこの宣長の思っているところの概略を述べるのである。だが、教え方も人それぞれであって、わたしがいいと思っていても、納得できないという人もあるだろう。だから、強制するものではない。ただただ、わたしに教えを請いたいという人にだけ言うのである。

学問にはさまざまの分野がある。それらのどれも大事なもので、明らかにしなくてはならないものであるから、すべての分野を学んで精通したいと思うのはわからないではない。しかし、一人の一生涯の力をもってしてすべての奥義を究めるなどというのは、無理なことである。そのなかで、自分の専門とすべきものを決めて、それだけは究めねばやまずと、はじめから高い志をたてて勉学に励むべきである。しかるのち、ほかの分野にも、できるかぎり手を伸ばしてゆけばいい。

道の学問

さて、その(ニ)主《むね》としてよるべきすぢは何《いづ》れぞといへば、道《みち》の学問なり。そもそも此道は天照大御神《あまてらすおほみかみ》の道にして、天皇《すめろぎ》の天下《あめがした》をしろしめす道、四海万国にゆきわたりたるまことの道なるが、ひとり皇国《みくに》に伝はれるを、其道はいかなるさまの道ぞといふに、(ホ)此道は、古事記《こじき》・書紀《しよき》の二典《ふたみふみ》に記されたる、神代《かみよ》・上代《かみつよ》のもろもろの事跡のうへに備はりたり。此二典の上代の巻々をくりかへしくりかへしよくよくよみ見るべし。

又、(ヘ)初学《うひまなび》の輩《ともがら》は、宣長が著したる神代正語《かみよのまさごと》を数十遍よみて、その古語《ふること》のやうを口なれしり、又直日《なほび》のみたま・玉矛百首《たまほこひやくしゅ》・玉くしげ・葛花《くずばな》などやうの物を、入学のはじめより、かの二典と相まじへてよむべし。然《しか》せば、二典の事跡に道の具備《そな》はれることも、道の大むねも、大抵に合点ゆくべし。

又、件《くだり》の書《ふみ》どもを早くよまば、やまとたましひよく堅固《かた》まりて、漢意《からごころ》におちいらぬ衛《まもり》にもよかるべき也。道を学ばんと心ざすともがらは、(ト)第一に漢意《からごころ》・儒意《じゅごころ》を清く濯《すす》ぎ去りて、やまと魂《たましひ》をかたくする事を要《かなめ》とすべし。

【注釈】

道の学問　『直毘霊《なおびのみたま》』に、「美知《みち》とは、此記（古事記）に味御路《うましみち》と書ける如く、山路・野路などの路《ち》に御《み》ちょう言を添えたるにて、ただ物にゆく路ぞ。これをおきては、上《かみ》つ代に道というものはなかりしぞかし」と言い、「皇国《みくに》の古は、さる言痛《こちた》き教えも何もなかりしかど、下が下までみだるることなく、天下は穏かに治まりて、天津日嗣《あまつひつぎ》いや遠長に伝わり来坐《ま》せり」、「実《まこと》は道あるが故に道ちょう言なく、道ちょうことなけれど、道ありしなりけり」と言う。宣長は、儒教でいうところの「道」を、人智のさかしらでもって作為されたものと見なす。わが国につたわる道は、わざわざ言挙げして「道」といわないものである。ほんとうの道があるからこそ「道」ということばをつかって教えを説く必要がなかった。それを学ぶことが「物まなび」であるという。

天照大御神　伊奘諾尊《いざなぎのみこと》・伊奘冉尊《いざなみのみこと》のあいだに生まれ、皇孫瓊々杵尊《ににぎのみこと》を高千穂《たかちほ》の峰に降臨《こうりん》させた。皇室の祖神であり、伊勢神宮内宮《ないくう》に祀られる。日本民族崇敬の中心。『直毘霊』「皇大御《すめらおおみ》国《くに》は、掛《か》けまくも可畏《かしこ》き神御祖《かむみおや》天照大御神の御生《みあれ》坐《ま》せる大御国にして」。

神代正語　三巻三冊。寛政元年成立、翌二年刊行。神代の古伝説を、『古事記』の本文をもとにして仮名交じり文で記す。言葉（古語）を重視するという姿勢から、文字の訓《よ》みや清濁に関する記述は詳細。自序「大かた此書は、まずもはら古の雅言《みやびごと》教えむとのしわざなれば、口なれたる後の世のひがよみ、言《こと》つづきの便りにくずれたる音《こえ》（いわゆる音便）などまじえず、清濁《すみにごり》も何も、書けるままに正しくうるわしくよみならうべき物ぞ。ゆめ一もじもみだりにはよむべからず」。宣長はのち、石塚龍麿《いしづかたつまろ》の『古言清濁考《こげんせいだくこう》』をたかく評価して、「此考によりて見れば、おのれさきにあらわしたりつる神代正語などにも、なおまれまれにはかむがえ及ばざりしこともある也」（『玉勝間』巻四「古言清濁考の事」）と言う。

直日のみたま　『直毘霊《なおびのみたま》』。『古事記』の研究を通じて体得した、宣長の古道論の結論ともいうべき著作。明和初年ごろから書きはじめた。幾度かの改稿をへて、明和八年一〇月に成立。写本で門人たちの手によって流布し、刊本としては寛政二年刊『古事記伝』巻一の巻末所収のものが最初。

玉矛百首　大和心を涵養《かんよう》するために、古学の大意を古風に詠みなした自作詠。天明六年成立、同七年刊行。本居大平《もとおりおおひら》の注解になる『玉矛百首解《たまほこひやくしゅかい》』も宣長生前に出版されている（寛政一一年）。

玉くしげ　一冊。紀伊藩主徳川治貞《はるさだ》の要請によって著した政治・経世論の書。天明五年から七年にかけて執筆、寛政元年一一月刊行。古典研究を通じて到達した古道の本旨を、治者の立場にたって論じる。為政者は古代の神々の事跡をあつく敬い畏れなければならない。そうすれば、民も君主を敬い畏れるようになる。そうして、自然と国は治まるものなのだ、と説く。政治的作為を排し、上も下もともに神ながらの道に従うことが大切だと主張する。

葛花　二巻二冊。安永九年一一月成立。刊行は没後の享和三年一月。『直毘霊』にたいして、徂徠《そらい》学派の市川鶴鳴《いちかわかくめい》が『まがのひれ』を著して（安永九年四月成立）、宣長の思想に見られる聖人の排除、記紀への盲従、老荘の影響などを、儒教の立場から批判した。宣長はそれへの反駁を執筆、それがこの『葛花』である。両者の応酬を受けて、宣長の死後、これらをめぐる論争が展開された。主なものとして、『道守の標《ちもりしるべ》』（竹村茂雄《たけむらしげお》、文政一二年）、『級長《しな》戸風《どのかぜ》』（沼田順義《ぬまたゆきよし》、同一三年）、『神道蔀障弁《しんとうほうしょうべん》』（山田維則《やまだこれのり》、天保四年）、『直日和霊《なおびのにぎみたま》』（著者不明、同年）、『花のしがらみ』（菅原定理《すがわらさだまさ》、同九年）、『直日霊正意味解』（源保之《みなもとやすゆき》、同年）、『読直毘霊』（会沢正志斎《あいざわせいしさい》、安政五年）。小笠原春夫『国儒論争の研究』参照。

漢意・儒意を清く濯ぎ去りて　「からごころ」は、中国かぶれを批判するときに古学者がよく使うことば。とくに宣長が戦略的に使った。宣長のいう漢意は、価値判断だけでなく、書物を読むことによって身につけた思考方法までをも含める。↓【余録】

【口語訳】

さて、学問の根本は何かといえば、それは「道」を学ぶということである。

そもそもこの「道」というのは、天照大神の道であり、天皇が天下をお治めなさる道であって、四海万国にゆきわたる本当の道なのだが、ひとり皇国日本にのみ伝わっている。その道はいかなる道かといえば、それは『古事記』『日本書紀』の二典に記されているところの、神代・上代の、さまざまな事跡のうえに備わっている。だから、この二典の神代・上代の巻々を、繰り返し繰り返し熟読しなければならない。

また、初学者は、わたしの著述『神代正語』を何回も読んでその古語のさまに馴れて、そして『直毘霊』『玉矛百首』『玉くしげ』『葛花』などを、はじめから二典といっしょに読むのがよろしいであろう。そうすれば、二典に記された事跡に道が備わっていることも、道の概略もおおかたは理解されるであろう。

それらの書を早いうちに読んでおけば、大和魂が堅固になって、漢意におちいらないようになる。道を学ぼうとする者は、第一に漢意・儒意をさっぱりと洗い去って、大和魂を堅く持つことが、なによりも肝腎なのである。

【余録】

『玉勝間《たまかつま》』巻一「からごころ」で、以下のように論じる。

――漢意《からごころ》とは、漢国《からくに》の風儀を好み、かの国を尊ぶことだけをいうのではない。おおく一般に、あらゆることの善悪是非を議論し、ものごとの道理をさだめるといったこと、これらすべてみな漢籍の趣である、そのことをいうのである。

それは、漢籍を読む人だけがそうだというのではない。書物をまったく読んだことのない人でも、おなじことなのだ。元来、漢籍を読まない人はそういった漢意をもたないはずだけれども、なにごとにも漢国をよしとしてそれを学ぶ世の習いが千年以上もつづけば、自然にそういった風潮が世の中にゆきわたって、人の心の底に染み付いて、それが日常の普通の状態になった。それゆえ、自分は漢意を持たないと思い、これは漢意でない、当然の道理だと思うことがらでも、じつは漢意から離れられなくなってしまっているのである。

そもそも人の心は皇国も外国も異なることなく、善悪是非に二つなく、特別に漢意といったこともあるはずがないと思うのは、一応はもっともなことのように聞こえるけれども、そう思うのもすなわち漢意なので、とにもかくにもこの漢意というやつは除きがたいものなのだ。人の心がいずれの国も異なることのないのは、本当の真心にある。漢籍にいう趣は、みな漢国の人の仰々しい賢《さか》しら心でもって偽り飾ることばかり多いので、真心とはいえない。こうい
かれらが是《ぜ》とすることは本当の是ではなく、非とすることはまことの非ではない。こういったことがよくあるので、善悪是非に二つなしなどともいえないのだ。また、当然の道理と思ったことも、漢意の当然の道理ではあっても、本当の当然の道理でないことが多い。

総じてこれらのことは、古い書物の趣をよく理解して漢意というものを知れば、おのずから区別できるのだが、おしなべて世の人の心は、みな漢意に占められているゆえ、それを離れて自覚することは難しいものなのである。

　また、同書巻三「神の御ふみをとける世々のさま」において、古来の神典解釈が漢意に侵されていたことを、次のごとく述べる。

――神典を講釈することは、むかしは紀伝道《きでんどう》の儒者の役割であって、その説を記したものが、弘仁《こうにん》以来の代々の『日本紀私記』である。それらはいずれも、ただ漢学のかたわらに注釈したにすぎないもので、神典を専門に学んで成ったものではない。それゆえ、古《いにしえ》の意味や言葉に詳しくなく、すべて初心者なみの底の浅い内容である。もとより道のなんたるかなど説いていない。ただ文章をそのまま解釈しているだけである。

　しかしながら、皇国のむかしの儒者は、すべて漢国の儒者のような、自己流の理屈をもたなかったので、神典を説くときも、漢意《からごころ》に惑わされた勝手な説もまったく見えず、儒意によるこじつけ説もなくて穏健であった。ところが、後世に至っては、ことに神学という流派ができて、専門家が輩出し、つぎつぎに詳しくなっていったのだが、世の物知りといわれる人の心が中途半端に小賢しくなって、神典を解釈する者も、その賢しら心を先に立てて、文章そのものを無視し、自分の好む方向に引きつけて、あるいは仏意、あるいは儒意を混同して解釈するようになった。

　さて、ますます小賢しくなっていって、近き世となっては、ようやく仏意を混えることの誤りを覚って、それをことごとく排除することとなった。しかしながら、それは、まことにいにしえの意味を理解してそうなったのではない。ただ儒意の思想が仏意を嫌ったのである。それゆえ、近世に神の道といって説く趣は、ひたすら儒意であって、神の道にはまったく適っていない。この輩は、かの仏教流であることの誤りを知りながら、みずからはまた儒教流であることに気づいていない。

かくしてさらに最近になって、儒教によることの間違いをようやく覚って、つとめて儒意を除こうとする者も、そこかしこに現れはじめた。だが、それもいまだきれいに漢意から離れることができないで、天理《てんり》・陰陽《いんよう》などという説をまだまことと心得、ともすれば例の賢しら心が出てきて、高天原《たかまがはら》を帝都のこととし、天照大神《あまてらすおおみかみ》を天上の存在ではないとし、海神宮は一つの島であるとするたぐい、すべて私的な勝手な心の曲説から免れていない。みな漢意であることを自覚できておらず、習慣的に漢意が心の底に染み付いていることのなにものでもないのである。

道をしるべき学び

さて、かの二典《ふたみふみ》の内につきても、(チ)道をしらんためには、殊に古事記をさきとすべし。(リ)書紀をよむには、大きに心得あり。文のままに解しては、いたく古《いにしへ》の意《こころ》にたがふこと有りて、かならず漢意《からごころ》に落ち入るべし。

次に古語拾遺《こごしゆうい》、やや後の物にはあれども、二典のたすけとなる事ども多し。早くよむべし。次に万葉集。これは歌の集なれども、道をしるに、甚だ緊要の書《ふみ》なり。殊によく学ぶべし。その子細は下に委《くは》しくいふべし。

まづ道をしるべき学びは、大抵上件《うへのくだり》の書ども也。

【注釈】

古語拾遺　九世紀初頭成立の歴史書。一巻。斎部《いんべの》（忌部）広成《ひろなり》著。斎部氏の長老である広成が、平城天皇の勅問に応じたかたちで、一族の不遇を上奏したもの。古来、神典として尊ばれてはきたが、『日本書紀』や『旧事紀』『古事記』、あるいは「神道五部書《しんとうごぶしょ》」にくらべれば、その評価は高いとはいえない。

【口語訳】

ところで、記・紀のうちでも、「道」を知ろうとするためには、『古事記』のほうが大事である。『日本書紀』を読むについては、注意を必要とする。『日本書紀』を文字どおりに解釈しては、古の意を誤解し、かならず漢意に陥るであろう。

つぎに『古語拾遺』。すこし時代はくだるけれども、二典を読むたすけとなることも多いので、はやく読むべきである。つぎは『万葉集』。これは歌集ではあるが、道を知るのにたいへん重要な文献で、ことによく学ばねばならない。詳細はあとで論じるであろう。

道を知るためには、まずはこれらの書を学ばなければならない。

よく見ではかなはぬ書ども

然れども、書紀より後の次々の御代御代の事もしらでは有るべからず。其書《ふみ》どもは、続日本紀《しよくにほんぎ》、次に日本後紀《にほんこうき》、つぎに続日本後紀《しよくにほんこうき》、次に文徳実録《もんとくじつろく》、次に三代実録《さんだいじつろく》也。書紀よりこれまでを合せて(ヌ)六国史《りつこくし》といふ。みな朝廷《みかど》の正史《ただしきふみ》なり。つぎつぎに必ずよむべし。

又、件《くだり》の史《ふみ》どもの中に、(ル)御世御世の宣命《みことのり》にはふるき意詞《こころことば》ののこりたれば、殊に心をつけて見るべし。次に延喜式《えんぎしき》・姓氏録《しようじろく》・和名抄《わみようしよう》・貞観儀式《じようがんぎしき》・出雲国風土記《いづものくにふどき》・(ヲ)釈日本紀《しやくにほんぎ》・令《りよう》・西宮記《さいぐうき》・北山抄《ほくざんしよう》、さては(ワ)己が古事記伝《こじきのでん》など、おほかたこれら、(カ)古学《いにしへまなび》の輩《ともがら》のよく見ではかなはぬ書《ふみ》ども也。

然れども、初学《うひまなび》のほどには、件の書どもをすみやかに読みわたすこともたやすからざれば、巻数多き大部の書共はしばらく後へまはして、短き書どもより先づ見んも宜しかるべし。其内に、延喜式の中の祝詞《のりと》の巻、又神名帳《しんみようちよう》などは、早く見ではかなはぬ物也。

【注釈】

続日本紀　『日本書紀』につぐ勅撰の正史。四〇巻。文武《もんむ》天皇元年（六九七）から桓武《かんむ》天皇延暦一〇年まで九五年間を、おおむね編年体で記述する。明暦三年に立野《たつの》春節《はるとき》の校訂本が刊行された。宣長記念館所蔵の版本に、安永九年に荒木田《あらきだ》経雅《つねただ》所蔵本をもって子春村《はるむら》に校合させた旨の識語がある。注釈書に河村秀根《かわむらひでね》『続紀集解《しょつきしゅうげ》』、村尾元融《むらおげんゆう》『続日本紀考証《しょくにほんぎこうしょう》』がある。

日本後紀　三番目の勅撰編年体歴史書。八四〇年成立。七九二年から八三三年までの約四〇年を収録する。現存するのは、巻五・八・一二・一三・一四・一七・二〇・二一・二二・二四の一〇巻分。各論（ヌ）「六国史」参照。

続日本後紀　四番目の勅撰国史。二〇巻。仁明《にんめい》天皇一代（八三三〜八五〇）の記事を収める。伝存諸本間に脱文や錯簡のおおい史書とされる。刊本は寛文八年版と寛政七年版がある。宣長記念館所蔵寛文八年版本に、安永九年、豊宮崎《とよみやざき》文庫（伊勢神宮外宮の文庫）本と天文年中写本をもって校合の旨の識語がある。注釈書に河村益根《ますね》『続後紀集解』がある。

文徳実録　『日本文徳天皇実録』。五番目の勅撰国史。一〇巻。八七九年完成。文徳《もんとく》天皇一代（八五〇〜八五八）の記事を収める。刊本には宝永六年版があるが、曲亭馬琴《きょくていばきん》は「此印本、殊更《ことさら》に誤脱多かり」と言う（『烹雑《にまぜ》の記』巻下）。宣長も、荒木田《あらきだ》久老《ひさおい》が『文徳実録』と『三代実録』を校合しているのを聞きつけ、それを貸してくれるよう依頼する。「印本、殊外《ことのほか》アシク御座候えば、校合仕度候也《きょうごうつかまつりたくそうろうなり》」（安永八年六月一九日付、久老宛宣長書簡）。

三代実録　『日本三代実録』。最後の正史。五〇巻。九〇一年完成。清和・陽成・光孝天皇の三代（八五八～八八七）を収録。ほかの六国史にくらべて記事の分量の多さ、正確さにおいて群を抜いているが、伝本には書写のさいの省略や脱漏が目立つといわれる。版本には寛文一三年版（松下見林《まつしたけんりん》校訂）がある。

宣命　「宣命」は天皇の詔《みことのり》のことであるが、「詔勅」との違いが、辞書類の解説ではいまひとつ把握しにくい。もっとも、この二つの用語はかならずしも対概念というわけではなく、意識的に区別して使用されていたわけでもないらしいから、厳密な術語として議論すると、むしろ混乱をきたすだけである。宣命に関する先駆的な研究書に、宣長の『続紀歴朝《しょっきれきちょう》詔詞解《しょうしかい》』がある。↓【余録】

延喜式　古代法典の律・令・格の施行細則を集大成したものを「式」という。式は弘仁年間と貞観年間に編纂されたが（『弘仁式』『貞観式』）、完全な姿で現存するのは『延喜式《えんぎしき》』のみ。全五〇巻であるが、幕府の書庫に入った最初の本は巻一三・二四を欠いていた。八方手を尽くして全巻完備とし、林羅山《はやしらざん》の跋を付して、慶安元年に刊行された（近藤正斎《こんどうせいさい》『右文故事《ゆうぶんこじ》』巻四）。公事や年中行事の典拠として珍重され、なかでも、巻八の「祝詞式」、巻九・一〇の「神名式」は、近世古学者のあいだで大いに研究された。

姓氏録　『新撰姓氏録』。神武《じんむ》天皇から嵯峨《さが》天皇に至るあいだの氏族一一八二氏の系譜書。嵯峨天皇の勅を奉じて万多親王《まんだしんのう》・藤原園人《そのひと》らが撰した。現存の三〇巻・目録一巻は抄録本といわれるが、古代史研究の貴重な資料。平田篤胤《ひらたあつたね》によれば、版本には寛文年間のもの二本があるといい（白井宗因《しらいそういん》校訂・松下見林《まつしたけんりん》校訂）、写本の校合本には、堤朝風《つつみあさかぜ》・内山真龍《たつ》・上田百樹《うえだももき》・本居宣長・荒木田久老《あらきだひさおい》などのそれが確認されるという（『古史徴《こしちょう》』巻二）。寛文以後しばしば版行された。

和名抄　『和名類聚抄《わみょうるいじゅしょう》』。源　順《みなもとのしたごう》の撰。わが国最初の分類体漢和辞書。承平年間（九三一～九三八）成立。漢語を漢文で注記し、真仮名《まがな》でその和訓を付して出所を考証する。百科辞彙的内容で、古代文化研究に必須。和訓は平安時代におけるまとまった真仮名資料であり、古代語研究にも不可欠の文献。また出所考証につかわれる引用書には和漢の逸書も多い。二〇巻本系と一〇巻本系に大別され、江戸時代には那波活所《なばかっしょ》の校訂になる二〇巻本系が刊行されて（元和三年古活字版）、それが流布した。宣長記念館所蔵版本の識語に、「安永二年癸巳十二月十二日、以活板本校合之附異是也。同八年己亥十二月十日、以古写本再校合畢、本居宣長」とある。狩谷棭斎《かりやえきさい》が諸本を対校研究、詳細な考証をくわえて、近世考証学の白眉ともいうべき『箋注《せんちゅう》倭名類聚抄』一〇巻を著した（文政一〇年成立、明治一六年刊）。

貞観儀式　貞観《じょうがん》年間に朝廷の儀式次第に関する諸規定が編纂され、それを『貞観儀式』という。宣長記念館所蔵本に、安永七～八年校合の識語がある。

出雲国風土記　七一三年に元明《げんめい》天皇によって日本全土に風土記撰進の詔が出され、諸国から朝廷に奏進された。そのうち完全なかたちで残るのは、この『出雲国風土記』が唯一。明和八年、宣長は谷川士清《たにがわことすが》から借りた本を写し、安永八年に抄本を春庭《はるにわ》に書写させ校合している

（宣長記念館所蔵本識語）。真淵門の内山真龍《うちやままたつ》に『出雲風土記解』三巻（天明七年）がある。

釈日本紀　『日本書紀』の注釈書。二八巻。卜部兼方《うらべかねかた》（鎌倉中期の神道家）著。卜部家は『日本書紀』の講読を家学としており、その家学を集大成したもの。多くの古文献を引用しており、そのなかには散逸して伝わらない本文もおおい。各論（ヲ）「釈日本紀」参照。

西宮記　儀式・故実に関する書。源高明《みなもとのたかあきら》撰。私撰の儀式書・故実書としては最古のもの。平安時代の朝儀を知るための根本資料。江戸時代にいたっても、宮中等でしばしば会読された。伝存する写本も多いが、その分、異本もおおい。当時、刊本がなく、宣長もそれを残念がる。『玉勝間《たまかつま》』巻一「古書どもの事」参照。

北山抄　儀式書。一〇巻。藤原公任《きんとう》の撰。年中行事、恒例の朝儀、臨時の儀式、即位や除目《じもく》に関する儀式などについて記述する。宣長の時代にはまだ写本でしか入手できなかった。のち「丹鶴叢書《たんかくそうしょ》」に所収して刊行された。

古事記伝　『古事記』の注釈書。四四巻。明和元年（三五歳）から三〇年以上の歳月をかけて寛政一〇年に完成。著者生前から刊行されたが、全巻の刊行をみたのは、没後の文政五年であった。古代の文献を博捜し、本文校訂・訓読・語釈・解釈などにわたって、おおくの用例から帰納するという近代的実証的な方法がとられる。神典としての『古事記』の評価を一新したのみならず、言語・文化をはじめとする日本古代学の百科辞彙とでも称すべき金字塔であり、明治以後の日本学諸分野におよぼした影響ははかり知れない。個々の学説についてはいまだ批判・修正されるべきところもあるが、総体として本書を凌駕する古事記注釈書は、いまだ出現していない。

祝詞の巻　『延喜式』巻八をさす。『古事記伝』巻一「文体の事」に「祝詞は延喜式にあまた載せられて、八の巻その巻なり」とある。「祈年祭」の祝詞をはじめ二七篇が集録されている。独立させて「祝詞式」と呼ばれる。『台記《たいき》』（藤原頼長の日記）別記所収の「中臣寿詞《なかとみのよごと》」とならんで現存最古の祝詞。

神名帳　『延喜式』のうちの巻九・一〇をいう。日本全土の大社・小社計三一三二座を国郡別に登録・列記する。ここに載る神社は、式内社としてその社格が高かった。江戸期の研究に、徳川義直《よしなお》『神祇宝典《じんぎほうてん》』、出口延佳《でぐちのぶよし》『神名帳考証《しんみょうちょうこうしょう》』、伴信友《ばんのぶとも》『神名帳考証』、栗田寛《くりたひろし》『神祇志料』などがある。

【口語訳】

『日本書紀』以後の時代のことも知らないといけない。それを知るための書は、『続日本紀』『日本後紀』『続日本後紀』『文徳天皇実録』『日本三代実録』である。『日本書紀』をふくめてこれを「六国史」と総称する。いずれも勅撰の国史であって、必読の書である。

右に挙げた歴史書のなかに記されている宣命には、日本人の古意や古言が残っているので、心してよく読むべきである。つぎに、『延喜式』『新撰姓氏録』『和名抄』『貞観儀式』『出雲国風土記』『釈日本紀』『令』『西宮記』『北山抄』、さらにわたしの『古事記伝』など、これらは古学を学ぶ者が読まねばならぬものである。

しかし、初学者にとっては、これらの書物をすみやかに読むことも困難であるから、巻数の多い大部の書はしばらく後において、短いものから読みはじめるのもよいであろう。なかでも、『延喜式』のなかの「祝詞巻」「神名帳」などは、なるべく早く読んだほうがいい。

【余録】

宣命と詔勅の違いを宣長の『続紀歴朝詔詞解』によって理解すれば、以下のようになる。その巻一「まづとりすべていふ事ども」に、「世にいわゆる宣命は、すなわち古の詔勅にして、上代の詔勅は此外なかりしを、万の事漢ざまにならい給う御世御世となりては、詔勅も漢文のを用いらるること多くなりて、後の世にいたりては、ついにその漢文なる方を詔書・勅書とはいいて、もとよりの皇国言《みくにことば》のをば、分けて宣命とぞいいならえる」と言う。

上代の詔勅は本来、「皇国言」で書かれていた。ところが、それらが『古事記』や『日本書紀』に残っていない。それは、撰者が漢文でもって作り変えたり創作したりしたものであるからである。そして、皇国言の詔勅は棄てられ、やがて詔勅は漢文で書くものというふうになった。『続日本紀』以降の史書には皇国言で書かれた詔勅も載せられており、この皇国言の詔勅をとくに「宣命」という。

以上が宣長の考え。宣長の理解によれば、詔勅のうちの和文体のものを宣命という。すなわち、宣命も詔勅のひとつであって、あくまでも文献資料にあらわれた文体をさしての命名ととらえており、機能による区別とは認めていない。

心にまかせて力の及ばむかぎり

凡《すべ》て件《くだり》の書《ふみ》ども、かならずしも次第を定めてよむにも及ばず。ただ便《たより》にまかせて、次第にかかはらず、これをもかれをも見るべし。又、いづれの書をよむとても、(ヨ)初心のほどは、かたはしより文義を解せんとはすべからず。まづ大抵にさらさらと見て、他の書にうつり、これやかれやと読みては、又さきによみたる書へ立ちかへりつつ、幾遍《いくへん》もよむうちには、始《はじめ》に聞えざりし事もそろそろと聞ゆるやうになりゆくもの也。

さて、件の書どもを数遍よむ間には、其外のよむべき書どものことも学びやうの法《のり》なども、段々に自分の料簡《りようけん》の出来るものなれば、(タ)其末の事は一々さとし教ふるに及ばず。心にまかせて力の及ばむかぎり、古きをも後の書をも(レ)広くも見るべく、又簡約《つづまやか》にしてさのみ広くはわたらずしても有りぬべし。

【口語訳】

すべてそれらの書物を読むのに、かならずしも順序をきめて読まなければならないことはない。ただ便宜にまかせて、順序にかかわらず、あれこれと読めばいいのである。また、どんな書物を読むのにも、初心のうちは、はじめから文義を理解しようとしてはいけない。まずおおまかにさらっと見て、ほかの文献にうつり、これやかれやと読んで、さらに前に読んだものにかえればいい。それを繰り返せば、最初に理解できなかったことも徐々にわかるようになるものだ。

さて、それらの書物を何回も読むうちには、そのほかの必読書についても、また学問の方法などについても、次第に自分の料簡ができるものである。したがって、それ以上のことはいちいち諭し教えるにおよばない。心にまかせて力の及ぶかぎり、古い文献も後世のものも広く見渡してもいいし、場合によっては簡単にして広くしなくてもいい。

古書の注釈を作らんと早く心がくべし

さて又、(ソ)五十音《ごじゆうおん》のとりさばき、かなづかひなど、必ずこころがくべきわざ也。(ツ)語釈《ごしやく》は緊要にあらず。

さて又、(ネ)漢籍《からぶみ》をもまじへよむべし。古書《ふるきふみ》どもは皆漢字《からもじ》・漢文《からぶみ》を借りて記され、殊に孝徳天皇・天智天皇の御世のころよりしてこなたは、万《よろづ》の事、かの国の制によられたるが多ければ、史《ふみ》どもをよむにも、かの国ぶみのやうをも大抵はしらでは、ゆきとどきがたき事多ければ也。但し、からぶみを見るには、殊にやまとたましひをよくかためおきて見ざれば、かのふみのことよきにまどはさるることぞ。此心得、肝要也。

さて又、段々学問に入りたちて、事の大すぢも大抵は合点《がてん》のゆけるほどにもなりなば、いづれにもあれ、(ナ)古書《ふるきふみ》の注釈を作らんと早く心がくべし。物の注釈をするは、すべて大きに学問のためになること也。

【注釈】

五十音　「五十音図《ごじゅうおんず》」のこと。日本語の音節を、縦（段）に五字ずつ、横（行）に一〇字ずつ配した表。起源や沿革については古来、諸説がある。音韻変化や語源の説明などに使われる。現存最古の音図は、一一世紀初頭の『孔雀経音義《くじゃくきょうおんぎ》』に記されたもの。いま、文雄《もんりょう》の『和《わ》字《じ》大観抄《たいかんしょう》』巻上「五十字文」にのる説をあげる。「片仮字のはじめ、五音の差別によりて、五十字文を作れり。五音とは、喉《こう》・牙《げ》・歯《し》・舌《ぜつ》・唇《しん》の次第なり。是、日本音韻の図なり。亦《また》、仮名反《かながえし》の図とも云う。吉備《きび》公の作なりと云う。又或説に、百済《はくさい》の尼法明《ほうみょう》、対馬《つしま》の国に来り、此図を作り国人に伝う。故に対馬以呂波《つしまいろは》と云うよしいえり。おぼつかなし。其世にいろはの名もあらざれば、後人の名づけて、事を法明に寄せたるならん」。

【余録】

かなづかひ　拙著『かなづかい入門――歴史的仮名遣vs現代仮名遣』（平凡社新書）参照。↓

漢籍をもまじへよむべし　『直毘霊《なおびのみたま》』「古書はみな漢文にうつして書きたれば、彼国のことも一わたりは知りてあるべく、文字のことなどしらむためには、漢籍をもいとまあらば学びつべし。皇国魂《みくにたましい》の定まりて、ただよわぬうえにては、害《さまた》げはなきものぞ」。

孝徳天皇・天智天皇の御世　大化《たいか》元年（六四五）、蘇我《そが》氏が滅び、孝徳《こうとく》天皇が即位して皇太子の中大兄皇子《なかのおおえのおうじ》が摂政となる。これが世にいう「大化の改新」。孝徳天皇崩御後、斉明《さいめい》天皇が即位（女帝、皇極天皇の重祚《ちょうそ》）。斉明崩御して（六六一年）中大兄皇子が称制、六六八年に即位した（天智《てんじ》天皇）。

万の事、かの国の制によられたるが多ければ　大化の改新は、先進国である唐の諸制度にならった律令制国家建設のはじまりであった。

【口語訳】

五十音図に関する扱い、仮名遣などは、必修のことである。語釈は緊要ではない。

漢籍をも交え読むべきである。古文献はみな漢字・漢文でもって記されているからである。とくに孝徳天皇・天智天皇の御代以後は、万事、中国の制度によるところが多いので、歴史書を読むにしても漢文が読めなくては十分でないのだ。ただし、漢籍を読むときは、とくに大和魂をつよく堅持して取り組まなければ、漢文の文飾にまどわされることになる。その心得が肝要である。

しだいに学問の世界に入っていって、その大筋が理解できるようになったならば、なんでもいいから、古典の注釈を作るように心掛けるべきである。注釈は、学問のためには大いに有効である。

【余録】

『玉勝間《たまかつま》』巻六「かなづかひ」に次のように言う。

――仮名遣は、最近になって明らかになったものである。古学にたずさわるものは、当然それに心しているのだから、めったに間違えるはずがない。ところが、弟子たちの日常書いた歌などを見ると、誤りがおおい。これはいったいどうしたことだ。

「てにをは」などは初学者のかなわないところもあるので、その誤りなら許せないこともない。だが、仮名遣については、いまは『和字正濫抄《わじしょうらんしょう》』もしくは『古言梯』などを見れば、子供だって間違って書くことはないはずだ。なのに、間違ってしまうのは、かえすがえすも不審である。これはきっと、仮名遣をなおざりに考え、ただただ、間違っていても先生が直してくれると思って、みずからそれを身につけようと努力しないからであろう。そんな他人まかせでは、仮名遣を理解しないままにおわってしまう。

であるから、「い・ゐ」「え・ゑ」「お・を」「はひふへほ・わゐうゑを」、また「じ・ぢ」「ず・づ」など、すこしでも不安におもう仮名については、面倒でも、ものを書くときはつねに仮名遣書と首っ引きで確実に習得してゆかねばならない。

万葉集をよく学ぶべし

さて、上にいへるごとく、二典《ふたみふみ》の次には、(ラ)万葉集をよく学ぶべし。(ム)みづからも古風《いにしへぶり》の歌をまなびてよむべし。すべて人はかならず歌をよむべきものなる内にも、学問をする者は、なほさらよまではかなはぬわざ也。歌をよまでは、古《いにしへ》の世のくはしき意《こころ》、風雅《みやび》のおもむきはしりがたし。(ウ)万葉の歌の中にても、やすらかに長高《たけ》くのびらかなるすがたをならひてよむべし。又、(ヰ)長歌をもよむべし。

【注釈】

古風の歌　ここでは記紀歌謡や万葉の詠風をいう。真淵が晩年に好んで詠じ、門人間にひろまった。

歌をよまでは、古の世のくはしき意、風雅のおもむきはしりがたし　実作をすることが古典理解のためになるということ。『にひまなび』「古の歌を学びて、古風の歌をよみ、……さてこそ天地に合いて、御代を治めませし古の神皇《すめがみ》の道をも知り得べきなれ」。『石上私淑言《いそのかみのささめごと》』巻三

「おのれはよまねど、才ありて古き書の心をさとし、昔の歌の詞をよくよく学び心得たる人はいかにというに、それもさることにはあめれど、なお昔の歌の意《こころ》を得ること浅し。みずからよむにつけてこそ、古き歌一つ見るにも心のつけようこよなく深くて、真の味いのよく知らるるものなれ」。荻生徂徠《おぎゅうそらい》も詩作について、「詩作成されず候えば、詩経は済み申さざる物に候」と言う（『徂徠先生答問書』巻下）。

【口語訳】
さて、さきに述べたように、記・紀二典のつぎには、『万葉集』をよく学ばねばならない。そして、みずからも古風の歌をまなんで詠むのがよい。人というものは、かならず歌を詠むはずのもので、なかでも学問をするほどの者は、なおさら詠まなくてはかなわぬものである。歌を詠まなくては、古語の微妙な意味、風雅の趣は知ることができない。『万葉集』の歌のなかでも、やすらかでたけ高く、のびらかなる歌にならって詠むのがよい。また、長歌をも詠むべきである。

古風・後世風、世々のけぢめ

さて又、歌には、古風《いにしへぶり》・後世風《のちのよぶり》、世々のけぢめあることとなるが、古学《いにしへまなび》の輩《ともがら》は、古風をまづむねとよむべきことはいふに及ばず。(ノ)又、後世風をも、棄てずしてならひよむべし。(オ)後世風の中にも、さまざまよきあしきふりふりあるをよくえらびてならふべき也。

又、伊勢・源氏その外も、(ク)物語書《ものがたりぶみ》どもをもつねに見るべし。すべてみづから歌をもよみ、物がたりぶみなどをも常に見て、(ヤ)いにしへ人の風雅《みやび》のおもむきをしるは、歌まなびのためはいふに及ばず、古の道を明《あき》らめしる学問にもいみじくたすけとなるわざなりかし。

【注釈】

歌には、古風・後世風、世々のけぢめあることとなるが　「後世風」は『古今集』以下の詠風。師の真淵には年代によってその詠風に変遷があったとされ、門人間では入門した時期の違いによって理想とする詠風が異なる。『賀茂翁家集《かもおうかしゅう》』加藤千蔭《かとうちかげ》序文「(真淵の)うたのさまは、はじめと中ごろとすえと三つのきざみありき。はじめのほどは物学び給える荷田《かだ》の東満宿禰《あずままろのすくね》の歌のさまにかよいて、はなやぎたよわきさまなりしを、中ごろよりみずからの一つの姿と成りて、みやびにしてしらべ高く、しかも雄々しきすじをよみ出だされ、よわいの末にいたりては、いたく思いあがりてもうけずかざらず、たれも心のおよびがたきふしをのみ作られき」。『玉勝間』巻五「歌の道　さくら花」「歌よまむにも文かかむにも、古と後世とのけじめ、……いささかのことにも、心をとどめてわきまうべきわざぞ」。

伊勢・源氏その外も、物語書どもをもつねに見るべし　『あしわけ小船』「歌の道、幷《ならび》に伊勢・源氏等の物語、みな世界の人情をありのままに書き出で、その優美なることを賞すべきなり。人みな聖人にあらざれば、悪しきことはすまじき思うまじきとはいわれぬことなり。善きことをも悪しきことをも、思い、あるは行う。人々の情より出ずる歌なれば、道ならぬこともあるべき理なり。その内とかく情の深くかかることには、昔より優れてよき歌多し。よくよく心を付けて、古歌どもを見るべし」。

【口語訳】

また、歌には、古風・後世風などと、時代ごとにその区別があるものだが、古学を学ぶ者は、古風をまず主として詠まねばならない。それはいうまでもないことだが、また後世風をも、無視せずに習い詠むべきである。後世風のなかにも、さまざまのいい歌、わるい歌があり、それをよく選んで習うべきである。

『伊勢物語』『源氏物語』そのほかの物語なども、心がけて読むことが必要だ。みずから歌をも詠み、物語文などをもつねに研究して、古代の人の風雅の趣を知ることは、歌学びのためには言うにおよばず、古の道を明らめ知る学問のためにも、きわめて有効な方法である。

総論注記

上件《うへのくだり》ところどころ、圏《わ》の内にかたかなをもてしるししたるは、いはゆる相じるしにて、その件々にいへることの、然《しか》る子細を、又奥に別にくはしく論《あげつら》ひさとしたるを、そこはここと、たづねとめてしらしめん料《りよう》のしるし也。

【口語訳】
以上の文章のところどころに、圏のなかに片仮名で印をつけた。それは、いわゆる合印であって、個々の子細、あるいは別にこころみた詳論など、それらがどれに対応するかがわかるようにするための印である。

『うひ山ぶみ』各論

物まなびのすぢ、しなじな有りて

(イ)世に物まなびのすぢ、しなじな有りて云々。

物学びとは、皇朝《みくに》の学問をいふ。そもそも、むかしより、ただ学問とのみいへば漢学のことなる故に、その学と分かたむために、皇国《みくに》の事の学をば和学《わがく》或は国学《こくがく》などいふならひなれども、そはいたくわろきいひざま也。みづからの国のことなれば、皇国の学をこそ、ただ学問とはいひて、漢学をこそ、分けて漢学といふべきことなれ。それも、もし漢学のこととまじへいひてまぎるるところにては、皇朝学《みくにまなび》などはいひもすべきを、うちまかせてつねに和学・国学などいふは、皇国を外《よそ》にしたるいひやう也。もろこし・朝鮮・於蘭陀《おらんだ》などの異国よりこそ、さやうにもいふべきことなれ、みづから吾国のことを然《しか》いふべきよしなし。すべてもろこしは外《よそ》の国にて、かの国の事は何事もみな外の国の事なれば、その心をもて漢某《かんなに》・唐某《とうなに》といふべく、皇国の事は、内の事なれば、分けて国の名をいふべきにはあらざるを、昔より世の中おしなべて漢学をむねとするならひなるによりて、万《よろづ》の事をいふに、ただかのもろこしをみづからの国のごとく内にして、皇国をば返りて外《よそ》にするは、ことのこころたがひて、いみじきひがこと也。

此事は、山跡《やまと》魂《たましひ》をかたむる一端なる故に、まづいふなり。

【注釈】

物学びとは、皇朝の学問をいふ　宣長はこの語をわが国の学問に限定してつかうことにこだわり、『玉勝間《たまかつま》』巻一「がくもん」の条で、いますこし詳しく論じている。

和学　村田《むらた》春海《はるみ》『和《わ》学大概《がくたいがい》』によれば、「和学」という呼称の始まりは平安時代のことで、江戸時代に入って、林家二代目の鵞峰《がほう》が、儒者も日本のことを知っていなければいけないとして和学科を立てたという。これが意識的に日本学をさすことばとして定着していったのは近世中期からであって、一科の学として認知されるのは、和《わ》学講談所《がくこうだんしょ》設立（寛政五年）によってである。

国学　ここで論じる学問体系を「国学《こくがく》」と呼ぶのは、宣長の先輩である谷川士清《たにがわことすが》が『和訓《わくんの》栞《しおり》』中編で「国学は倭学《わがく》也。神学あり、歌学あり」といっているように、宣長の時代すでに普及していた用語であった。だからこそ、宣長があえてそれに異をとなえる。中島広足《なかじまひろたり》『敏《と》鎌《がま》』にも、「国学と称するは世俗のわざ也。我古学者の自ら称するにはあらざる事」とある。

山跡魂　「やまとたましい」ということばは、すでに『源氏物語』や『大鏡』といった平安朝の文献に見えている。ただし、そこでは、漢文の学力を意味する「漢才《からざえ》」に対する語としてつかわれ、実生活上の知恵・能力という意味であった。たとえば、菅原道真《すがわらのみちざね》の『菅家遺誡《かんけいかい》』に「和魂漢才《わこんかんさい》」とある。書物からえた知識を「漢才」とみなし、それと区別して実務方面の才能を「やまとたましい（和魂）」と呼んだ。やがて、そういった読書だけの知識が形骸化してくると、「漢才」ということばを机上の空論の意味でも意図的につかうようになり、「やまとたましい」が相対的に価値を高める。ひろく日本人固有の才覚・思慮分別を意味するようになり、やがて高潔で正しく素直な民族精神をさすことばとなった。そのような意味で意識的につかいだしたのは、宣長の師である賀茂真淵《かものまぶち》あたりからと考えられ、その著『にひまなび』で「高く直きやまと魂」と称揚し、『歌意考《かいこう》』に「儒教の人為的な学問になじむと、もとのやまとたましいを失ってしまう」などと言う。したがって、「やまとたましい（大和魂）を堅固にする」というテーゼの裏には、「からごころ（漢意）を排す」というテーゼがある。なお、垂加《すいか》神道家松岡雄淵《まつおかおぶち》の著書に『神道学則日本魂《しんとうがくそくやまとたましい》』があり、そこで使われる「やまとたましい」は尊皇精神という意味。

【口語訳】

物学びとは、わが皇国の学問のことをいう。むかしからただ「学問」とだけいえば、それは漢学のことであった。それと区別するために、皇国の学を「和学」とか「国学」などと呼ぶようになったのだが、それはよくない呼称である。みずからの国のことなのだから、皇国の学をこそ、ただ「学問」と言い、漢学をこそ区別して「漢学」と言うべきである。

まぎらわしいと思うときには「皇朝学」などと言わねばならないのに、無反省にいつも「和学・国学」と言うのは、皇国を外国扱いにした言い方である。もろこしや朝鮮・オランダなどの異国人がそう言うならわかるが、日本人みずからが自分たちのことをそのように呼ぶいわれはない。もろこしは外国である。だから、なにごとも、外国のものという意識をもって「漢〜・唐〜」と言うべきである。皇国のことは内のことなのだから、わざわざ国の名を冠して言うべきではない。ところが、昔から、世の中おしなべて漢学を主たる学問としているので、万事もろこしを自分の国のごとく錯覚し、皇国を外国のように扱っている。これははなはだしい心得違いというものである。

これは、大和魂を堅固にするために、まず最初に言うのだ。

しなじなある学び

(ロ)かのしなじなある学びのすぢすぢ云々。

これは、はじめにいへるしなじなの学問のことなるが、そのしなじな、いづれもよくしらではかなはざる事どもなり。

そのうち律令は、皇朝《みくに》の上代《かみつよ》よりの制ともろこしの国の制とを合せて、よきほどに定められたる物なれども、まづはもろこしによれることがちにして、皇国《みくに》の古《いにしへ》の制をば改められたる事多ければ、これを学ぶには、其心得あるべく、又此すぢのからぶみをよく明《あき》らめざれば事ゆかぬ学問なれば、奥をきはめんとするには、から書《ぶみ》の方に力を用ふること多くて、こなたの学びのためには功《てま》の費《つひえ》も多き也。これらのところをもよく心得べし。

さて、官職・儀式の事は、これももろこしによられたる事共もおほくあれども、さのみから書に力をもちひて考ふることはいらざれば、律令とはことかはれり。官職のことは、職員令《しきいんりよう》をもととして、つぎつぎに明らむべし。世の学者、おほく職原抄《しよくげんしよう》を主《むね》とする事なれども、かの書《ふみ》は、後世《のちのよ》のさまをむねとしるされたる如くなるが、朝廷《みかど》のもろもろの御さだめも、御世御世《みよみよ》を経るままに、おのづから古《いにしへ》とは変り来ぬる事ども多ければ、まづその源《みなもと》より明らむべき也。なほ、官職の事しるせる後世の書いと多し。

もろもろの儀式の事は、貞観儀式《じようがんぎしき》・弘仁《こうにん》の内裏式《だいりしき》などふるし。其外、江家次第《ごうけしだい》、世におしなべて用ふる書なり。されど、これも古とはややかはれる事ども多し。貞観儀式などとくらべ見てしるべし。ちかく水戸《みと》の礼儀類典《れいぎるいてん》、めでたき書なれども、ことのほか大部なれば、たやすくよみわたしがたし。

さて、装束・調度などのことは、世にこれをまなぶ輩、おほくは中古以来《なかむかし》の事をのみ穿鑿《せんさく》して、古《いにしへ》へさかのぼりて考ふる人はすくなし。これも後世《のちのよ》の書どもいとあまたあれども、まづ古書《ふるきふみ》よりよく考ふべし。此古書は、まづ延喜式《えんぎしき》など也。さては西宮《さいぐう》記《き》・北山抄《ほくざんしょう》、此二書は、装束・調度などの学びのみにはかぎらず、律令・官職・儀式其外の事、いづれにもわたりて、おほよそ朝廷のもろもろの事をしるされたり。かならずよくよむべき書なり。

さて、件のしなじなの学問、いづれもいづれも、古ざまの事は、六国史に所々其事どもの出でたるをよく参考すべし。又、中古以来《なかむかし》のことは、諸家の記録《ふみ》どもなどに散出したるを参考すべし。

さて、歌まなびの事は、下に別にいへり。

むかし四道《しどう》の学とてしなじなの有りしは、みな漢《から》ざまによれる学びなれば、ここに論ずべきかぎりにあらず。四道とは、紀伝《きでん》・明経《みようぎよう》・明法《みようぼう》・算道《さんどう》、これ也。此中に明法道といふは律令などの学問なれば、上にいへると同じけれど、昔のはその実事にかかりたれば、今の世のただ書のうへの学びのみなるとはかはり有り。

さてなほ、外国《とつくに》の学びは、儒学・仏学其外、殊にくさぐさ多くあれども、皆よその事なれば、今論ずるに及ばず。吾は、あたら精力を外《よそ》の国の事に用ひんよりは、わがみづからの国の事に用ひまほしく思ふ也。その勝劣《よしあし》のさだなどは姑《しばら》くさしおきて、まづよその事にのみかかづらひてわが内の国の事をしらざらんは、くちをしきわざならざらんや。

【注釈】

そのしなじな、いづれもよくしらではかなはざる事どもなり　『にひまなび』「先ず古えの歌を学びて、古え風《ぶり》の歌をよみ、次に古の文を学びて古風の文をつらね、次に古事記をよくよみ、次に日本紀をよくよみ、続日本紀ゆ下《しも》御代つぎの史《ふみ》らをよみ、式・儀式など、あるいは諸《もろもろ》の記録をも見（西宮《さいぐう》・北山《ほくざん》・江家次第《ごうけしだい》等までにいたる）、かなに書ける物をも見て、古事・古言の残れるをとり、古の琴・ふえ・衣の類い、器などの事をも考え、其外くさぐさの事どもは、右の史らを見思う間にしらるべし。かく皇朝《みくに》の古を尽して後に、神代《かみよ》の事をばうかがいつべし。さてこそ天地《あめつち》に合いて、御代を治めませし古の神皇の道をも知り得べきなれ」。

律令は、皇朝の上代よりの制ともろこしの国の制とを合せて　日本の律令は、基本的には唐のそれを移入したものである。が、わが国の実状に即して変改され、また合わないものは運用されなかった。『にひまなび』「令・律をも学ぶべし。こはから国の唐の令・律を以て、皇朝のならわしをかねて立てられし物にて、専《もは》らはわが国の意にあらずといえども、大宝令《たいほうりよう》は、近江大津朝の令を本《もと》とせられしと聞ゆれば、是も久しき世の定めなり。しらでは、中頃の世を意得《こころう》るよしなし。かく厳かに細かにからぶりを用いられしより、おもてはよろしきに似て、うらあしくなりぬ。よりて、遂に大御稜威《おおみいつ》もうすくなりましし也。上《かみ》つ代を慕うもの、同じく是をよしとはせねど、はた後の史などを見んに、この学びせでは有るべからず」。

此すぢのからぶみ　中国の律令関係の書。とくに唐律《とうりつ》・明律《みんりつ》は影響が大きかったことから、儒者のあいだで研究がすすめられた。享保年間、荻生北渓《おぎゅうほっけい》が幕命によって『唐律疏議《とうりつそぎ》』の校訂をおこない、文化二年に官版として出版された。明律については、荻生徂徠《おぎゅうそらい》の『明律国字《みんりつこくじ》解《かい》』、高瀬学山《たかせがくざん》の『大明律例訳義《だいみんりつれいやくぎ》』などがある。儒者の中国律の研究は、いわゆる実定法としての幕府法・藩法のための基礎研究であり、そこに日本近世儒学（とくに徂徠学）の政治学的性格があらわれている。

職員令　令の篇目。『養老令《ようろうりょう》』第二篇、八〇条より成る。二官（神祇官《じんぎかん》・太政官《だじょうかん》）・八省・弾《だん》正台《じょうだい》・五衛府・左右馬寮・左右兵庫・内兵庫・左右京職等々の官司について、それぞれに官職名や員数・職掌を定めた令。本文は失われており、『令集解』によって復元される。

職原抄　中世公家の官職の解説書。南北朝時代の北畠親房《きたばたけちかふさ》の著作。律令の官位令・職員令をもとにしているが、宣長が「後世のさまを、むねとしるされたる如くなる」と言うように、内容の多くは中世公家の官職についてのもの。刊本に慶長勅版があり、幕末に近藤芳樹《こんどうよしき》によって『標注職原抄校本』が出版された。研究書に壺井義知《つぼいよしちか》の『職原鈔弁疑私考』などがある。

貞観儀式　貞観年間に朝廷の儀式次第に関する諸規定が編纂され、それを『貞観儀式』という。宣長記念館所蔵本に、安永七〜八年校合の識語がある。

弘仁の内裏式　最初の勅撰儀式書。三巻。藤原冬嗣《ふゆつぐ》らの撰。弘仁一二年（八二一）成立。刊本に享和三年版がある。近世以来現在にいたるまで、私撰の『内裏儀式』と混同されたり、成立の前後関係が議論されている。所功著『宮廷儀式書成立史の再検討』参照。

江家次第　大江匡房《おおえのまさふさ》著。平安時代の朝儀・公事《くじ》を詳述する。全二一巻（うち二巻は散逸）。後世、朝儀・公事の指針として高い評価をえて、承応二年に刊行される。安永九年、宣長は春庭《はるにわ》に書写させる（宣長記念館所蔵本識語）。江戸期の注釈書としては、尾崎積興《おざきせっきょう》の『江家次第秘抄』が有名。

水戸　水戸《みと》藩は徳川頼房《よりふさ》（家康の一一男）を藩祖とし、のち御三家《ごさんけ》のひとつに数えられた。二代光圀《みつくに》が江戸藩邸に史局彰考館《しょうこうかん》を設け、諸国から学者を招聘して、『大日本史《だいにほんし》』をはじめとする史料の編纂にあたらせた。その学風を水戸学《みとがく》という。

礼儀類典　藩主徳川光圀編。全五一五巻。朝儀・公事に関する記事を、日記などの記録類から抽出して分類する。『大日本史』は小石川の江戸藩邸で、本書は国元の彰考別館でおこなわれた（『年山紀聞』巻五「彰考別館の記」）。

めでたき書　宝永七年七月、藩主徳川綱条《つなえだ》の序文を付した清書本が朝廷に献上されたことをさす（『泰平年表』）。元文三年に、応仁の乱以来絶えていた大嘗祭《だいじょうさい》が復活するが、このときこの『礼儀類典』が大いに参考にされた（『桃蹊雑話』巻六）。

中古以来の事　宣長の歴史区分では、「上古」の次の時代を「中古」または「中昔」といった。中村幸彦によれば、延喜から南北朝あたりをさす（日本古典文学大系『近世文学論集』補注）。

これも後世の書どもいとあまたあれども、まづ古書よりよく考ふべし　村田春海《むらたはるみ》『和学人概《わがくたいがい》』「器物・調度の類を考うべきは、延喜式《えんぎしき》・江次第《ごうしだい》等の書によりてもしらるべく、類聚雑要《るいじゅざつよう》・吉部《きちぶ》秘訓《ひくん》等の書には、其図式も多く出でたれば、詳に考え得べし。装束・服翫の類は、衣服令《いふくりょう》・延喜式を始め、雅亮仮名装束抄《まさすけかなしょうぞくしょう》・飾抄《かざりしょう》などより以下代々装束の書甚だ多し。且つ世に随いて変改一様ならず、後世に及んでは、古の名目を誤り心得たる類も多ければ、是又広く古今を詳にすべきなり」。

西宮記・北山抄、此二書は、装束・調度などの学びのみにはかぎらず　『古今著聞集《ここんちょもんじゅう》』巻三「正朔の節会《せちえ》より除夜の追儺《ついな》にいたるまで、公事《くじ》の礼一にあらず。おこないきたる儀まちまちにわかれたり。恒例・臨時の大小事、西宮記・北山抄をもて、その亀鏡にそなえたり」。

四道の学　平安時代、大学寮に設置された四つの学科。『職原抄』巻上「大学寮は四道の儒士出身の処。和漢最も重職たり。紀伝《きでん》・明経《みょうぎょう》・明法《みょうぼう》・算道《さんどう》、之を四道と謂う。又当寮に先聖先師九哲を安置す。春秋二中釈奠《しゃくてん》」。

紀伝　歴史と詩文を専攻する。官吏登用試験のために重視された。『職原抄』巻上「紀伝道は儒士の撰なり。異朝、殊に之を重ず。此職に居る者、必ず参政に転ず。又詔勅等悉《ことごと》く学士の書する所なり。本朝にも同じく文章を主《つかさ》どると雖《いえど》も、詔勅においては内記の掌《つかさど》る所なり」。

明経　『孝経』や『論語』『周易』などの儒教の経典を学ぶ学科。それを教授するのを明経博士といい、清原・中原両家の者が任ぜられることがおおく、のち両家の世襲となった。『職原抄』巻上「博士一人。正六位下に相当、唐名大学博士。明経道の極官なり。中古以来、清・中両家、位に依りて次に之に任ず。大博士と号す。近代、五位の官なり」。

明法　律令格式を対象とする学科。『職原抄』巻上「明法博士二人。正七位下に相当、唐名律学博士。明法道の極官なり。中古以来、坂上・中原両流を法家の儒門と為す」。

算道　中国算法を学習する学科。『職原抄』巻上「算道は三善《みよし》氏之《これ》を伝う。仍《よ》りて一人は必ず其の家の儒を用う」。

上にいへると同じけれど　この各論冒頭の「そのうち律令は、皇朝の上代よりの制ともろこしの国の制とを合せて云々」以下の部分をさす。

昔のはその実事にかかりたれば　律令制時代の律令研究である明法道は、現実の政治と直接かかわっていたから、書物による今日の律令研究とはおのずから性格が異なるということ。

【口語訳】

これは、冒頭にいったところの各種の学問のことであるが、いずれもよく知っておかねばならない。

そのうち律令というものは、わが国古来の制度と中国のそれとを合わせて作ったものである。だが、中国の制度によるところが主となっており、それによってわが国古来の制を改めているところが多い。したがって、これを学ぶにはそこに注意を払わねばならない。またこの方面の漢籍を明らかにしなければできない学問なので、それを究めようとすると、どうしても漢学のほうに力を入れざるをえなくなる。皇国の学のためには、労多くして功少なしといわねばならない。そこのところの心得が必要である。

つぎに、官職・儀式のことは、これも中国の制に拠るところも多いのであるが、律令とはちがって、それほど漢籍に力を入れる必要はない。官職のことは、職員令を基本文献として研究すべきである。世の学者のおおくは『職原抄』をつかっているが、『職原抄』は後世のことを記したものである。朝廷の諸種の御定めも、時代を経るにつれておのずと古代とは変わってゆくものであるから、まずもってその源から明らかにしなければならない。官職のことを記したものは、後世に多く出現した。

朝廷の儀式のことについては、『貞観儀式』や『弘仁内裏式』などが古い。そのほか、『江家次第』はよく使われるものであるが、これも古代の儀式とは異なるところが多いので、『貞観儀式』と比較しながら使わねばならない。近代では、水戸家の『礼儀類典』が権威あるものであるが、あまりにも大部なので、それらを全部にわたって読むなどはできない。

装束・調度などについては、世の多くの学者は中世以後のことばかり穿鑿して、古代にさかのぼって研究する人は少ない。後世の文献はたくさんあるけれども、まずは古代のことから考究してゆくべきである。その場合、『延喜式』などがいいだろう。『西宮記』『北山抄』の二書は、装束・調度の学だけでなく、律令・官職・儀式そのほか朝廷のいろいろなことについて記されているので、必読の文献である。

以上の学問はいずれにしても、古代のことは六国史に出てくるところを参考にすべきである。中世以後のことは、諸家の記録などに書かれてあるのを参考にすべきである。

次は、歌学びであるが、これについてはのちに詳述する。

むかし四道の学というのがあったが、それはみな漢学にならっているので、ここで論じることではない。四道とは、紀伝・明経・明法・算道である。このうち明法道は律令などの学問で、さきに言ったのと同じであるが、昔のそれは現実問題にかかわっていたので、今日の書物上でやる研究とはおのずから相違する。

そのほか外国の学問として、儒学・仏学その他いろいろあるが、われわれにとってはみなよその国のことなので、いま論ずることではない。わたしは、あたら精力を外国のことに用いるよりは、みずからの国のことに用いたいと思うのである。その優劣を問題にしているのではない。外国のことばかりに熱中して、肝腎の自分たちのことを知らないのは残念なことではないか。

志を高く大きにたてて

(ハ)志を高く大きにたてて云々。

すべて学問は、はじめよりその心ざしを高く大きに立てて、その奥《おく》を究《きは》めつくさずはやまじと、かたく思ひまうくべし。此志よわくては、学問すすみがたく、倦《う》み怠るもの也。

【口語訳】すべて学問は、はじめからその志を高く大きくして、奥義を究めつくさずばやまじと、かたく心しなければならない。そうでなくては、学問はすすまず、怠り心が出るのである。

主としてよるべきすぢ

(二)主としてよるべきすぢは云々。

道《みち》を学ぶを主《むね》とすべき子細は、今さらいふにも及ばぬことなれども、いささかいはば、まづ人として、人の道はいかなるものぞといふことをしらで有るべきにあらず。学問の志なきものは、論のかぎりにあらず。かりそめにもその心ざしあらむ者は、同じくは道のために力を用ふべきこと也。然るに、道の事をばなほざりにさしおきて、ただ末の事にのみかかづらひをらむは、学問の本意にあらず。

さて、道を学ぶにつきては、天地《あめつち》の間にわたりて、殊にすぐれたるまことの道の伝はれる御国《みくに》に生れ来つるは、幸とも幸なれば、いかにも此《この》たふとき皇国《みくに》の道を学ぶべきは、勿論のこと也。

【注釈】

天地の間にわたりて、殊にすぐれたるまことの道の伝はれる御国　わが国の優秀性を称揚する宣長の常套句。『玉くしげ』「まことの道は、天地《あめつち》の間にわたりて、何れの国までも同じくただ一すじなり。然るに、此道、ひとり皇国《みくに》にのみ正しく伝わりて外国《とつくに》にはみな、上古より既にその伝来を失えり」、『葛花《くずばな》』巻上「皇御国は、天照大御神《あまてらすおおみかみ》の御生れ坐《ま》せる本つ御国《みくに》にして、その御子孫の知看す御国なれば、よろず異し国にはまされること、同日の談にあらずとしるべし」など。

【口語訳】

道を学ぶことに心を尽くさねばならないその理由は、いまさら言うにもおよばない。が、あえていうなら、まず人として、人の道とはいかなるものかということを知っていないわけにはいかない。学問の志のないものは論外。かりにも学問を志す者は、おなじことなら道のために、力を尽くさねばならない。道のことを等閑に付して、ただ枝葉末節にばかりかかずらっているのは、学問の本意とするところではない。

道を学ぶについては、この宇宙間において、ことに優れた本当の道が伝わっているのは、わが日本である。その国に生まれてきたのは、まことに幸福というべきであって、いかにしてもこのすばらしいわが皇国の道を学ばねばならない。これは当然のことである。

此道は、古事記・書紀の二典に記されたる

(ホ)此道は、古事記・書紀の二典に記されたる云々。

道《みち》は此二典《ふたみふみ》にしるされたる神代《かみよ》のもろもろの事跡のうへに備はりたれども、儒・仏などの書《ふみ》のやうに、其道のさまを、かやうかやうとさして教へたることなければ、かの儒・仏の書の目うつしにこれを見ては、道の趣《おもむき》いかなるものともしりがたく、とらへどころなきが如くなる故に、むかしより世々の物しり人もこれをえとらへず、さとらずして、或は仏道の意《こころ》により、或は儒道の意にすがりてこれを説きたり。

其内、昔の説は多く仏道によりたりしを、百五、六十年以来は、かの仏道によれる説の非なることをばさとりて、其仏道の意をばよくのぞきぬれども、その輩《ともがら》の説は、又皆儒道の意《こころ》に落ち入りて、近世の神学者流みな然《しか》也。其中にも流々有りて、す

こしづつのかはりはあれども、大抵みな同じやうなる物にて、神代紀《じんだいき》をはじめもろもろの神典《かみのみふみ》のとりさばき、ただ陰陽《いんよう》・八卦《はっけ》・五行《ごぎょう》など、すべてからめきたるさだのみにして、いささかも古《いにしへ》の意《こころ》にかなへることなく、説くところ悉《ことごと》く皆儒道にて、ただ名のみぞ神道《かみのみち》にては有りける。

されば、世の儒者などの、此神道家の説を聞きて、「神道といふ物は、近き世に作れる事也」とていやしめわらふは、げにことわり也。此神学者流のともがら、かの仏道によりてとけるをばひがこととしりながら、又おのが儒道によれるも、同じくひがことなる事をばえさとらぬこそ可笑《をか》しけれ。かくいへば、そのともがらは、「神道と儒道とは、その致《むね》一なる故に、これを仮《か》りて説く也。かの仏を牽合《けんごう》したる類《たぐひ》にはあらず」といふめれども、然《しか》思ふは、此道の意をえさとらざる故也。もしさやうにいはば、かの仏道によりて説く輩も又、「神道とても、仏の道の外なることなし。一致也」とぞいふべき。これら共に、おのおの其道に惑へるから、然思ふ也。

まことの神道は、儒・仏の教へなどとはいたく趣の異なる物にして、さらに一致なることなし。

すべて近世の神学家は件《くだり》のごとくなれば、かの漢学者流の中の宋学《そうがく》といふに似て、いささかもわきめをふらず、ただ一《ひと》すぢに道の事をのみ心がくめれども、ひたすら漢《から》流《ぶり》の理窟にのみからめられて、古《いにしへ》の意《こころ》をば尋ねんものとも思はず、其心を用ふるところみな儒意なれば、深く入るほど、いよいよ道の意には遠き也。さて又、かの仏の道によりて説《と》けるともがらは、その行法《ぎようほう》も、大かた仏家の行法にならひて造れる物にして、さらに皇国《みくに》の古の行ひにあらず。又、かの近世の儒意の神道家の「これこそ神道の行ひよ」とて物する事共、葬喪・祭祀等の式、其外も、世俗とかはりて別に一種の式を立てて行ふも、これ又儒意をまじへて作れること多くして、全く古の式にはあらず。

すべて何事も、古の御世《みよ》に漢風《からぶり》をしたひ用ひられて、多くかの国ざまに改められたるから、上古の式はうせて世に伝はらざるが多ければ、そのさだかにこまかなることは知りがたくなりぬる、いといと歎かはしきわざ也。たまたま片田舎などには、上古の式の残れる事も有るとおぼしけれども、それも猶《なほ》仏家の事などのまじりて、正しく伝はれるは有りがたかめり。

【注釈】

儒・仏などの書のやうに、其道のさまを、かやうかやうと　異国（儒・仏）で「道」をあれこれ説くのは、本当の道がないために、道を作為して人をみちびく必要があるからだ、というのが宣長の考え（『直毘霊《なおびのみたま》』など）。本書「解説」参照。

むかしより世々の物しり人もこれをえとらへず、さとらずして　『直毘霊』「此方の物知り人さえに、是（わが国に本当の道があるということ）をえさとらずして、かの道ちょうことある漢国をうらやみて、強いてここにも道ありと、あらぬことどもをいいつつ争うは、たとえば、猿どもの人を見て、毛なきぞとわらうを、人の恥じて、おのれも毛はある物をといいて、こまかなるをしいて求め出でて見せてあらそうが如し。毛は無きが貴きをえしらぬ、痴人《しれもの》のしわざにあらずや」。

或は仏道の意により、或は儒道の意にすがりてこれを説きたり　総論「道の学問」【余録】（六三ページ）参照。

其内、昔の説は多く仏道によりたりしを　中世の神道をさす。天台系の山王《さんのう》神道、真言系の両《りょう》部《ぶ》神道、吉田家の唯一《ゆいいつ》神道など。『安斎随筆《あんさいずいひつ》』巻二二「神道に仏道を交え合せて、本地垂迹《ほんじすいじゃく》という書を拵《こしら》えて、日本の何神は何仏のバケて来りたるなりと云う類の事をいうは、皆偽りなり。此の両部習合は、神道者も儒者も甚だ憎む者なり」。

百五、六十年以来は、かの仏道によれる説の非なることをばさとりて　一七世紀中葉の神道界をさす。理当心地《りとうしんち》神道（林羅山）、垂加《すいか》神道（山崎闇斎《やまざきあんさい》）、吉川《よしかわ》神道（吉川惟足《これたり》）などが出た。いずれも従来の神道説における仏説を排し、朱子学の理論と術語をつかって神道説を展開した。

皆儒道の意に落ち入りて、近世の神学者流みな然也　具体的には垂加流神道をさしている。垂加神道は朱子学者山崎闇斎の首唱した神道説。朱子学の理説をもって神の道を説き、当時、神道思想界で最大の勢力をほこっていた。宣長は門人小篠敏《おざさみぬ》の問いに答えて次のように語る。「垂加流では仏教を嫌ったので、仏説で神道を説明することをしなかった。だが、そのかわりに儒教の説で説明するのだから、結局は仏家の説く神道とおなじことだ。たとえていえば、仏家の神道は陽性の熱病のようなもので、熱に冒されているのが外見でわかる。しかし、垂加流は陰性の熱病で、病気にかかっていることに気がつかないので始末にわるい。もっともらしい神道に見えるが、中身は儒教の大熱に冒されていて、治癒しがたい病である」（『答問録』）。

其中にも流々有りて、すこしづつのかはりはあれども　垂加流神道に属する橘家《きつけ》神道や土御門《つちみかど》神道などをさす。おなじく小篠敏の問いにたいする宣長の答え「少しずつの変わりはあるが、みな陰性の同病をまぬがれない」。

陰陽・八卦・五行など、すべてからめきたるさだのみにして　陰陽《いんよう》・八卦《はつけ》・五行《ごぎよう》は、易学《えきがく》用語。儒教では宋学（程朱学・朱子学ともいう）がこれをつかって、宇宙の存在論を説いた。

「**神道といふ物は、近き世に作れる事也**」**とていやしめわらふは、げにことわり也**　太宰春台《だざいしゆんだい》著『弁道書《べんどうしよ》』の次のような部分を意識していると思われる。「今の世に神道と申候は、仏法に儒者の道を加入して建立したる物にて候。此建立は、真言宗の仏法渡りて後の事と見え候。吉田家の先代卜部兼倶《うらべかねとも》より世に弘まり候と見え候。兼倶は神職の家にて、仏道に種々の事あるを見て羨しく思い、本朝の巫祝《ふしゆく》の道の浅まなるを愧《は》じて、七、八分の仏法に二、三分の儒道を配剤して一種の道を造り出し候。いわゆる牽強傅会《けんきょうふかい》と申す物にて候」。宣長も『直毘霊《なおびのみたま》』で、「おのが身々に受け行うべき神の道の教えなどいいて、くさぐさものすなるも、みな、かの道々（仏教と儒教）のおしえ事をうらやみて、近き世にかまえ出でたるわたくしごとなり」と言う。もちろん、ここは今の世の神道家への批判が春台と一致しただけであって、春台の神道論を認めているわけではない。

此神学者流のともがら、かの仏道によりてとけるをばひがこととしりながら　このあたりのこと、すでに明和二年、谷川士清《たにがわことすが》にあてた漢文の尺牘（「与谷川淡斎」、本居宣長記念館所蔵草稿）に、「僕深く儒を悪《にく》むは、古道を乱すが為なるのみ。宋学の行わるるに迨《およ》ぶや、此の弊滋々《ますます》甚だし。垂加の輩の如きは、則ち惟《こ》れ神典を仮り、而うして儒道を説く者なり。安《いず》くんぞ其の神道を為すに在らん哉《や》」と言っている。

神道と儒道とは、その致一なる故に、これを仮りて説く也　儒家神道の論理。闇斎の弟子谷秦山《たにじんざん》『俗説贅弁《ぞくせつぜいべん》』正編巻三「神主《しんしゅ》を作る説」に、「道理は天地一枚の物なれば、日本・唐の隔てなし。伊川《いせん》（宋学の先駆者）の神主、道理の至極なれば、日本人用うる事宜《むべ》なり。……日本の古法あらば、それに過ぎたる事なけれども、古法伝わらぬによりて已《や》むことを得ざるなり」。

宋学　宋代に体系だてられた儒教の一学派。儒教は本来、君子の礼の教えを説く宗教であった。北宋の程頤《ていい》（明道《めいどう》）・程顥《ていこう》（伊川《いせん》）兄弟、南宋の朱熹《しゅき》らによって、陰陽五行説・老荘・禅宗などの観念的思弁をとりこんで、新しく体系づけられた。理学・性理学・道学・程朱学・朱子学などとも呼ばれる。東アジア世界の思想に多大の影響力を発揮した。

葬喪・祭祀等の式　儒教式冠婚葬祭の書として流布したものに、朱熹の著作といわれる『家《か》礼《れい》』があり、日本の儒家神道においても、これが典拠になった。和刻本は延宝三年刊行、元禄一〇年には闇斎門の浅見絅斎《あさみけいさい》が施訓して再刻出版された。絅斎はそれをわが国の実情にそって編集しなおし、『葬祭小記《そうさいしょうき》』を著述（元禄四年）。さらに、その弟子の若林強斎《わかばやしきょうさい》が『家礼訓蒙疏』を著した（享保八年自跋、天明元年刊）。

別に一種の式　玉木葦斎《たまきいさい》の『玉籤集《ぎょくせんしゅう》』『神拝次第鈔《しんぱいしだいしょう》』『神拝伝《しんぱいでん》』などに記されること。玉木葦斎は垂加流神道儀式の大成者。

すべて何事も、古の御世に漢風をしたひ用ひられて　『安斎随筆《あんさいずいひつ》』巻九に「吾国事古風を失う」として、「神代より応神天皇十四年迄は、上古の国風伝わりて改まり変ずることなし。彼の天皇十五年、百済《くだら》国の阿直岐《あちき》来り、同十六年同国の王仁《わに》来り、文字初めて行われてより、漸々古風変じ始まり、外国の風いつとなく入り交り、欽明《きんめい》天皇の御宇仏法渡りてより、天竺《てんじく》の風移り、後に盛んに行われて、漢土《もろこし》の風と三韓の風と天竺の風と入り交り、又文武《もんむ》天皇の御宇に至りて、朝廷の制度・儀式等に唐の風を用いて、我が国風の改められしに依りて、弥々古風は変じたり。故に吾が国上古の事は皆失いて明らかならず」。

たまたま片田舎などには、上古の式の残れる事も有ると　『玉勝間《たまかつま》』巻八「ゐなかに古のわざののこれる事」に以下のように言う。「言葉だけでなく、あらゆることがらにも、片田舎には古代の風儀の雅なところの残っていることがおおい。それなのに、例によって中途半端なさかしら心の者が口をだして、かえってみっともなく思って改めてしまう。それで、どこでも次第に古いものがなくなってゆく。口惜しいことだ。葬礼・婚礼など、ことに田舎には古く興味深いところが多いものである。すべてこういったことども、諸国の風習を、津々浦々まで訪ね歩いて、聞き集めて書き留めておきたいものだ。葬祭などの行事は、後世の物知りが考え定めたものは、かえって漢意のさかしらばかりがおおく混じって、あまり適切ではなくてわずらわしい」。

【口語訳】

道は、この記・紀二典にしるされたところの、神代のもろもろの事跡のうえに備わっている。けれども、儒教・仏教などの書のように、その道の何たるかを明確に述べていない。であるから、かの儒仏の書になれた目から見れば、道の趣がいかなるものかともわかりにくく、とらえどころがない。それゆえ、昔から学者もこれを把握できず、会得しないで、あるいは仏教の意によったり、あるいは儒教の説を借りてこれを説いてきた。

古くは、おおく仏教によっていたが、この一五〇〇年ほど前から、仏教による説が間違っているのを悟って、それを排除した。しかし、その結果、こんどは儒教の道に陥ってしまって、近年の神学者はみな儒教流神道になった。そのなかでもいろいろ流派があって、すこしずつの差異はあるけれども、たいていはみな同じようなもので、神代紀をはじめその他の神典の解釈は、ただ陰陽・八卦・五行などの異国風の議論ばかりである。いささかも古意にかなっているところがなく、説くのはみんな儒教の教説で、名前だけが神道だというありさまだ。

だから、世の儒者などが、これら神道家の説を聞いて、「神道というものは、近い時代に作ったものか」といやしめ笑う。それもまことに道理というものである。おかしなことに、この種の神学者は、かの仏教によって説く神道説を間違いと知りながら、自分の説も儒教によっている、それをおなじ間違いだということに気がつかない。こう言うと、かれらは、「神道と儒教とは、その元は一致している。それゆえ、これを借りて説くのである。仏教を付会したのとは、わけが違う」と言う。が、そう思うのも、この神の道をわかっていないからである。その理屈でゆくなら、かの仏教によって説く者もまた、「神道も、仏の道にほかならない。一致である」と言うはずだ。これらはともに、それぞれの道に惑っているからなのである。

まことの神道は、儒仏の教えなどとはたいへん趣が異なる。一致するなど絶対にないのである。

そうじて近年の神学家は、上述のようなので、例の漢学者流のなかの宋学というものに似ている。いっさい脇目もふらずに、懸命に道のことに専念するけれども、ひたすら異国流の理屈にからめられて、古の意を尋ねようともしない。その考えはみな儒意なので、ふかく入れば入るほど、いよいよ道の本意からは遠ざかるのである。さてまた、仏教によって説く人は、その行法もおおかた仏家の行法にならって作りだしたものだから、ますます皇国の古の行法ではなくなる。また、儒家神道家が「これこそ神道の行い」と言ってやっていることといったら、葬喪祭祀などの儀式その他、世俗とはかわって、別に一種の式をもうけておこなっている。これまた、儒意をまじえて作ったものがおおく、まったく古の儀式ではない。

すべてなにごとも、古代に中国風にならって異国のさまに改めたものだから、古代の式は滅んで、今に伝わらなくなって、その詳細は知られない。まことに嘆かわしいことといわねばならない。まれに田舎などには古の儀式が残っていることもあるようだが、それも仏教風などが混じっていて、正しく伝わっているのは少ない。

此道は、古事記・書紀の二典に記されたる（その2）

そもそも道《みち》といふ物は、上に行ひ給ひて、下へは上より敷き施し給ふものにこそあれ。下たる者の、私《わたくし》に定めおこなふものにはあらず。されば神学者《しんがくしゃ》などの、神道《しんとう》の行ひとて、世間《よのなか》に異なるわざをするは、たとひ上古の行ひにかなへること有るといへども、今の世にしては私《わたくし》なり。道は、天皇《すめろぎ》の天下《あめがした》を治めさせ給ふ、正大公共の道なるを、一己の私の物にして、みづから狭く小く説きなして、ただ巫覡《ふげき》などのわざのごとく、或はあやしきわざを行ひなどして、それを神道となのるは、いともいともあさましくかなしき事也。すべて下たる者は、よくてもあしくても、その時々の上の掟のままに従ひ行ふぞ、即ち古の道の意《こころ》には有りける。吾はかくのごとく思ひとれる故に、吾家、すべて先祖の祀《まつり》・供仏・施僧のわざ等も、ただ親の世より為来《しきた》りたるままにて、世俗とかはる事なくして、ただこれをおろそかならざらんとするのみ也。
学者は、ただ道を尋ねて明《あき》らめしるをこそつとめとすべけれ。私《わたくし》に道を行ふべきものにはあらず。されば、随分に古《いにしへ》の道を考へ明らめて、そのむねを人にもをしへさとし、物にも書き遺《のこ》しおきて、たとひ五百年千年の後にもあれ、時至りて、上にこれを用ひ行ひ給ひて天下にしきほどこし給はん世をまつべし。
これ宣長が志也。

【注釈】

そもそも道といふ物は、上に行ひ給ひて　『玉勝間』巻二「道をおこなふさだ」に言う。「道を実行することは、人の上に立つ君たるものの務めである。学者のすべきことではない。学者は、道を考究することが務めなのである。わたしはそのように思っているから、みずから道を実行しようとはせず、道を考究することにこそつとめている。そもそも道とは、君主たるものが行って天下に敷き施すものである。現実の世が道に適っていないからといって、下にいるものが改め行おうとするのは、わたくしごとであって、かえって道の本意ではない。下にいるものはただ、よくもあれあしくもあれ、上の趣にしたがいおるものであるのだ。古の道を考え得たからといって、勝手に行うべきものではない」。

ただ巫覡などのわざのごとく、或はあやしきわざを行ひなどして　巫覡《ふげき》は、神に仕える予言者の類。山崎闇斎《やまざきあんさい》没後の垂加《すいか》神道は、神道儀式の整備をおこなって神社界にも進出をはかった。その中心になったのが、玉木《たまき》葦斎《いさい》の橘家《きつけ》神道である。だが、一部の垂加神道家のあいだでは、それを「巫覡などのわざ」に堕したものとして、批判的な者もいた。松岡雄淵《まつおかおぶち》は『神道《しんとう》学則《がくそく》日本《やまと》魂《たましい》』で、「道に従事する者も、浅識局量、柱に膠《にかわ》し、株《くいぜ》を守り、斯《これ》に見るなく、往々巫祝の陋《せま》きを免れず」といって神道儀式を批判し、葦斎から破門された。宣長の時代、神道界の思想方面の最大の勢力をもっていたのが、朱子学の理説をとりいれた垂加神道であった。したがって、神道修学に志す者は、おおくその初期の段階で垂加神道を学ぶ。だが、そこにはまだ伝授や秘伝・秘説といった中世的神道観が色濃くのこっており、それに飽きたりなくなった者が、やがて実証的な古学（国学）に目覚めてゆくのである。拙稿「鈴屋入門以前の長瀬真幸」（『江戸時代学芸史論考』所収）参照。

吾家、すべて先祖の祀・供仏・施僧のわざ等も　宣長の生家は代々、熱心な浄土宗の信者。『本居宣長全集』第一六巻所収「別記その三」、同第二〇巻所収「法事録」などで、宣長がそれを実行していたことがうかがえる。宣長自身、「僕や不佞《ふねい》にして、少来甚だ仏を好む」（堀景山門の学友岩崎栄令宛書簡、宝暦年間か）という。

学者は、ただ道を尋ねて明らめしるをこそつとめとすべけれ　たとえば、弟子の長瀬《ながせ》真幸《まさき》にたいして、宣長は、「古えを考うる、学者の職也。然れども、これを行うことは学者の職にはあらず。……考うることはずいぶん委しく考え正して、今自ら守るところは、今の世制に従うべきこと也」と忠告する（『本居問答』）。前出拙稿「鈴屋入門以前の長瀬真幸」参照。

【口語訳】

そもそも道というものは、上におこなって、下へは上より施すものである。下の者がわたくしに定めおこなうものではない。だから、神学者などが神道の行法だといって、世間と異なる術をするのは、たとえ古代の行いにかなっていたとしても、今の世においては、わたくしごとなのである。道は天皇が天下を治めさせ給う、公明正大の道であるのに、おのれのわたくしものにして、みずから狭く小さく説いて、ただ巫覡などのわざのように、いかがわしい行法をおこなって、それを神道と名乗っている。浅ましく悲しいかぎりである。すべて下にいる者は、よくてもわるくても、その時その時の上の掟のままに従うことが、すなわち古の道の意なのである。

わたしは以上のように思っているゆえ、わが家では、すべて先祖の祀り、仏への供え、僧への施しなども、ただ親の代よりやってきたままで、世俗と変わることなく、ただこれをおろそかにしないよう心掛けている。

学者はただ、道を尋ねて明らめ知ることをこそ、つとめとすべきである。わたくしに道を行うべきではない。であるから、じゅうぶんに古の道を考え明らかにして、その趣旨をひとにも教えさとし、ものにも書きのこしておいて、たとい五百年、千年ののちであれ、時至って為政者がこれを用いおこなって天下に敷きほどこすようになる世を待つべきである。

これが宣長の志なのである。

初学のともがら

(ヘ)初学のともがらは宣長が著したる云々。
神典《かみのみふみ》には世々の注釈・末書あまたあるをさしおきて、みづから著せる書《ふみ》をまづよめといふは、大きに私《わたくし》なるに似たれども、必ず然《しか》すべき故あり。いで、其故は、注釈《き》・末書は多しといへども、まづ釈日本紀《しゃくにほんぎ》などは、道の意《こころ》を示し明したる事なく、私《し》記の説といへども、すべていまだしくをさなき事のみ也。又、その後々の末書・注釈どもは、仏と儒との意にして、さらに古《いにしへ》の意にあらず。返りて大きに道を害することのみ也。

されば今、道のために見てよろしきは、一つもあることなし。さりとて、又初学《うひまなび》のともがら、いかほど力を用ふとも、二典《ふたみふみ》の本文を見たるばかりにては、道の趣たやすく会得しがたかるべし。

　ここに、わが県居大人《あがたゐのうし》は、世の学者の漢意《からごころ》のあしきことをよくさとりて、ねんごろにこれをさとし教へて、盛んに古学《いにしへまなび》を唱へ給ひしかども、其力を万葉集《まんようしゅう》にむねと用ひて、道の事まではくはしくは及ばれず。事にふれては其事もいひ及ぼされてはあれども、力をこれにもはらと入れられざりし故に、あまねくゆきわたらず。されば、道のすぢは、此大人の説もなほたらはぬこと多ければ、まづ速《すみやか》に道の大意を心得んとするに、のり長が書《ふみ》共をおきて外にまづ見よとをしふべき書は、世にあることなければ也。さる故に、下には、古事記伝《こじきでん》をも、おほけなく古書共にならべてこれをあげたり。

　かくいふをもなほ我慢なる大言のやうに思ひいふ人もあるべけれど、さやうに人にあしくいはれんことをはばかりて、おもひとれるすぢをいはざらんは、かへりて初学《うひまなび》のために忠実《まめ》ならざれば、あしくいはむ人には、いかにもいはれんかし。

【注釈】
釈日本紀　各論（ヲ）「釈日本紀」参照。

私記の説　平安時代以来とくに卜部《うらべ》家でつづけられてきた『日本書紀』の講義録。『釈日本《しゃくにほん》紀《ぎ》』に「私記云」として引かれる。

わが県居大人は、世の学者の漢意のあしきことをよくさとりて　県居《あがたい》は賀茂真淵《かものまぶち》の号。『古事記伝』巻一「古記典等総論」に、「吾が岡部大人（真淵）、東国の遠朝廷《とおのみかど》の御許《みもと》にして、古学をいざない賜えるによりて、千年にもおおく余るまで久しく心の底に染み著きたる漢籍意のきたなきことを、且々《かつがつ》もさとれる人いできて、此記（古事記）の尊きことを世人も知り初めたるは、学びの道には、神代よりたぐいもなき、彼の大人の功になむありける」と言う。

其力を万葉集にむねと用ひて、道の事まではくはしくは及ばれず　真淵の古典研究は古道研究への階梯であったが、そこまで至らなかった、それを後進である宣長に託した。これが宣長の認識する真淵学。↓【余録】

事にふれては其事もいひ及ぼされてはあれども　たとえば『国意考《こくいこう》』。太宰春台が『弁道書』で神道を否定したことにたいする反駁書。

【口語訳】

神典には代々の注釈や末書がたくさんある。それをさしおいて、自分の著書をまず読めというのは、ずいぶん尊大なようだけれども、それにはそれなりの理由がある。その理由とは、注釈・末書は多いといっても、まず『釈日本紀』などは、道の意をあきらかに示したところはなく、「私記」の説もすべて未熟である。また後世の末書・注釈類は、仏教と儒教の教説で説いており、まったく古の意ではない。かえって道を大きく害するだけだ。したがって、いま道のために見ていいというのは、一つもない。だからといってまた、初心者がどんなに努力しても、記・紀の本文を見ただけでは、道の趣をたやすく会得できないだろう。

ここで、わが真淵先生は、世の学者が漢意に陥っていることの弊をさとって、丁寧にそれを教え諭し、さかんに古学を唱えられた。けれども、その力を『万葉集』におもに注いで、道のことまでは詳しく説かれなかった。ことにふれては言及しているけれども、力をそれに入れなかったので、広くはゆきわたらなかった。だから、道のことについては、真淵先生の説も物足らないところが多い。すみやかに道の大意を会得するのに、宣長の著書をおいてほかに、これを見よというようなものはまだない。それゆえ、『古事記伝』をも、おそれおおいことだが、古書とならべてあとに挙げてある。

こう言うのをも、なお傲慢大言のごとくにいう人もいるだろうが、人から悪く言われるだろうと、憚って思うことを言わないのは、かえって初学者のために誠実ではない。悪く言いたい人には言わせておけばいい。

【余録】

宣長は、宝暦一三年五月二五日の夜、伊勢参宮の帰りの真淵と生涯一度の対面をはたした。このときのことを、歌人の佐佐木信綱が「松坂の一夜」と題して美しく描き、『信綱文集』所収）、国定教科書国語読本の教材用にも使われて、大正七年から終戦まで、日本の子供たちはひとしくこの話にしたしんだ。左に掲げるのは、その材料となった宣長の一文（『玉勝間』巻二「おのが物まなびの有りしやう」「あがたゐのうしの御さとし言」）。

おのが物まなびの有りしやう

――わたしは幼いころから、読書をなによりも好んでいた。といっても、ちゃんとした師についてとりたてて学問するというのでもない。これと志すこともなく、これと定めた分野もなくて、ただ漢国や日本の雑多な書物を、あるにまかせ得るにまかせて、古い新しいもかまわず、あれこれと読み漁っているうちに、十七、八歳のころから、詠歌に目覚めて詠みはじめたことであった。だが、それもまた師に従って学んだわけでもなく、人に見せることなどもせず、ただひとりで詠むというだけであった。歌集なども古今のものをあれこれ見て、ごく普通の今日流の詠風であった。

かくして、二〇歳過ぎるころ、学問をするために京に上った。これは、一一の歳に父を亡くし、それとほぼ同時に、江戸にあった家の商売が立ちゆかなくなって、母親の意向で医術を学び、またそのため必要な儒学をも修めるためであった。

京都滞在中、『百人一首改観抄《ひやくにんいつしゆかいかんしよう》』をひとに借りて読んで、はじめて契沖《けいちゆう》という人の説を知り、その優れていることをも知って、この人の著したもの、『古今余材抄《こきんよざいしよう》』『勢語臆断《せごおくだん》』などをはじめ、そのほかにもつぎつぎに買い求めて読むうちに、歌学びの筋のよしあしの判断も、ようやくのことにできるようになった。今の世の歌人の主張は概して心にかなわず、その歌の風体もあまり感心できなかったけれども、当時は心を同じくする友はいなかったので、ただ世間の人並みに、あちこちの歌会などに出かけていって、詠み歩いていた。

ひとが詠む歌の風体は、わたしの心には適わないが、自分が立てて詠む風体は今の世の風体にもそむかないので、ひとはそれを咎めることはしなかった。それはもっともな理由がある。このことについては、別のところで言おう。

さて、のちに帰郷したころ、江戸からやってきた人が、最近出版されたものだといって、『冠辞考《かんじこう》』というものを見せた。このときはじめて、県居翁賀茂真淵大人の名前を知ったのである。かくて、その書をはじめにひととおり読んだときには、まったく思いもかけぬことばかりで、あまりに意想外で、奇妙な感じがした。なかなか納得できなかったけれども、それでも取るべきところはあるだろうと思って、たちかえってもういちど読み返したところ、まれには、なるほどと思われる箇所も出てきた。そこでまた、たちかえって読むと、いよいよ納得できるところが多くなって、読み返すたびに納得する気持ちができてきて、ついに、いにしえぶりの意味と言葉はまことにこうなんだ、と思うに至った。かくして、あとになって考え比べてみれば、かの契沖の万葉の説は、まだまだ未熟なところの多かったことがわかったのである。

わたしの歌学びのあらましは、おおむね以上のようなことである。

あがたゐのうしの御さとし言

——宣長が三十余歳のころ、県居大人の教えをうけはじめてから、『古事記』の注釈をもの

しようという志があって、そのことは大人にも申し上げた。そのとき諭されたこと、

「わたしも早くからこの神典を解読しようという志があったが、それにはまず漢意からきれいに離れて、まことの古意を尋ねなければならない。しかるに、その古意を得るのは、古言を得たうえでなければ不可能である。古言を得るとは、すなわち万葉をよく明らかにすることである。それゆえ、わたしはもっぱら万葉を明らかにしようと努めているうちに、すでに年老いて、残りの齢ははやいくばくもなく、この神典を解くまでに至ることができない。しかし、あなたは勉強盛りで、前途洋々、今より怠ることなくいそしんで学ぶならば、その志を遂げることはできるだろう。ただし、世の中の学者たちを見ると、みんな卑近なところを経ずして急いで高いところに登ろうとして、卑近なところのものさえ得ることができず、まして高いところは得るべくもないで終わっている。このことを忘れず心して、まず卑近なところから固めておいてこそ、高いところに登れるのであるが、畢竟、わたしがいまだ神典を解くことのできないのは、もっぱらこのゆえなのである。けっして分を越えて、いそいで高いところを望んではいけない」

と、たいへん丁寧に戒め諭されたのであった。この教えを大切にして、ますます『万葉集』に心を染めて深く考え、くりかえし問い質して、いにしえの意味や言葉を理解してみると、なるほど世の知識人というものの神典の解釈の趣は、みな現実味のない漢意ばかりであって、まったく真実の意味は得ていないのであった。

漢意・儒意

(ト)第一に漢意・儒意を云々。

おのれ、何につけてもひたすら此事をいふは、ゆゑなくみだりにこれをにくみてにはあらず。大きに故ありていふ也。その故は、古の道の意《こころ》の明らかならず、人みな大きにこれを誤りしたためたるはいかなるゆゑぞと尋ぬれば、みな此漢意《からごころ》に心のまどはされ居て、それに妨げらるるが故也。これ、千有余年、世中《よのなか》の人の心の底に染み着きてある痼疾《ふかきやまひ》なれば、とにかくに清くはのぞこりがたき物にて、近きころは、道をとくに儒意をまじふることのわろきをさとりて、これを破する人もこれかれ聞ゆれども、さやうの人すら、なほ清くこれをまぬかるることあたはずして、その説くところ、畢竟は漢意におつるなり。

かくのごとくなる故に、道をしるの要、まづこれを清くのぞき去るにありとはいふ也。これを清くのぞきさらでは、道は得がたかるべし。

初学《うひまなび》の輩《ともがら》、まづ此漢意を清く除き去りて、やまとたましひを堅固《かた》くすべきことは、たとへばもののふの戦場におもむくに、まづ具足をよくし、身をかためて立ち出づるがごとし。もし此身の固めをよくせずして、神の御典《みふみ》をよむときは、甲冑をも着ず素膚《すはだ》にして戦ひて、たちまち敵のために手を負ふがごとく、かならずからごころに落ち入るべし。

【注釈】

何につけてもひたすら此事をいふ　たとえば『古事記伝』巻一の冒頭部分だけでも、「からぶみごころの穢汚《きたな》きこと」「漢意の惑い」「漢意の痼疾《ふかきやまい》」「漢意のひがこと」などと繰り返す。

その故は、古の道の意の明らかならず　『玉勝間《たまかつま》』巻一〇「物まなびのこころばへ」に次のように言う。「むかしは、皇国《みくに》の学びとして特別にやることはなく、ただ漢学のみやっていたそのうちに、時代が経て、いにしえのことからしだいに疎遠になってゆき、漢国のことが身近になってきた、その結果、その心はもっぱら漢様に移ってしまって、上代のことは、その意味はいうまでもなく、言葉さえ聞きしらぬ異国人の囀《さえず》りを聞くかのように、疎遠になってしまったのである。かくしてのちになって、皇国の学びを専門にする人たちも現れたけれども、このように漢意《からごころ》の長く染みついた人心であるので、ただ名目だけが皇国学びなのである。言ったり考えたりすることは、まだみなからごころであって、本人たちはその自覚さえない。近世、学問の道がひらけて、万事かしこくなってくるのはいいが、その漢意《からごころ》ばかりが盛んになって、わがいにしえの意は、ますます遠のくばかりであった。が、最近になって、そのことを自覚する人が出てきて、人も我も、古意を探究する道があきらかになった。さすがに神直毘《かみなおび》・大直毘《おおなおび》の神のまします世は、なんといっても行く先が頼もしいものである」。

近きころは、道をとくに儒意をまじふることのわろきをさとりて　吉見幸和《よしみゆきかず》や多田義俊《ただよしとし》・谷川士《たにがわこと》清《すが》などをさす。いずれも、もと垂加流に属する神道家であった。幸和は神典である「神道五《しんとうご》部書《ぶしょ》」の偽書説をとなえたり（『五部書説弁』）、既成の神道説を批判した（『恭軒先生初会記』など）。義俊も『旧事紀《くじき》』を偽書だと主張して（『旧事紀偽撰考』）、垂加神道から離れていった。士清は、従来の『日本書紀』解釈を一新する実証的な注釈書『日本書紀通証』三五巻を著した。が、宣長からみれば、いずれもまだ漢意を脱していなかった。たとえば、青柳《あおやぎ》種信《たねのぶ》にあてた書簡（寛政一〇年二月二二日付）で、「通証（日本書紀通証）は、神代は勿論、皇代に至りても、とかく漢意にて、古意をしらざる注にて御座候」と言う。なお、各論（ホ）「此道は、古事記・書紀の二典に記されたる」参照。『玉勝間』巻一「漢意」に、「近きころにいたりて、儒意をのぞきてとくと思う人も、なお此天理陰陽などの説のひがことなるをば、えさとらず、其垣内を出ではなるることあたわざるは、なお漢意の清くさらで、かれにまどえる夢のいまだたしかにさめざる也」とある。

道をしるの要、まづこれを清くのぞき去るにありとはいふ也　『玉勝間』巻一「学問して道をしる事」に、「学問をして道を知ろうとするならば、まず漢意《からごころ》をきれいに除き去らねばならない。漢意がきれいに除かれていないうちは、いかに古書を読んでも考えても、いにしえの意は知りがたく、いにしえの意を知らないでは、道は知りがたいのである。そもそも道とは、もともと学問をして知ることではない。生まれながらの真心こそ、人の道であるのだ。真心とは、よくもあしくも、生まれついたままの心をいう。しかるに、後世の人はおしなべてかの漢意にのみ移り、真心をば失ってしまったので、今は学問をしなければ道を知ることができなくなったのだ」。

【口語訳】

わたしが何につけてもひたすらこのことを言うのは、理由なくむやみにこれを憎んでいるからではない。大きな理由がある。古の道の意が不明で人が大いに誤っているのはいったいなぜかといえば、みなこの漢意に心が惑わされて、それに妨げられるからである。これは千年以上、世の人の心の底にしみついている持病のようなものなので、とにかくきれいに取り除くことが困難である。近年、道を説くのに儒意をまじえることの誤りを悟って、これを批判する人も出てきた。しかし、そういった人ですら、この儒意から完全に免れることができず、その説くところは、結局、漢意におちいっている。

こういったわけなので、道を知ることの要は、まず漢意をきれいに除き去ることにある、と言うのである。これをきれいさっぱり除かなくては、道は得がたいであろう。

初学者は、まずこの漢意を除き去って、大和魂を堅固にすべきなのだ。それは、たとえていえば、武士が戦場におもむくのに、まず具足をそろえ、身をかためて出陣するようなものである。もしこの身の固めをちゃんとせずに神典を読むとすれば、甲冑も着けず素肌で戦ってたちまち敵のために手傷をおうように、かならず漢意に陥るであろう。

古事記をさきとすべし

(チ)道をしらんためには、殊に古事記をさきとすべし。

まづ神典《かみのみふみ》は、旧事紀《くじき》・古事記・日本紀《にほんぎ》を、昔より三部の本書といひて、其中に世の学者の学ぶところ、日本紀をむねとし、次に旧事紀は聖徳太子の御撰としてこれを用ひて、古事記をばさのみたふとまず、深く心を用ふる人もなかりし也。然るに、近き世に至りてやうやう、旧事紀は真《まこと》の書《ふみ》にあらず、後の人の撰び成せる物なることをしりそめて、今はをさをさこれを用ふる人はなきやうになりて、古事記のたふときことをしれる人多くなれる、これ、全く吾師大人《わがしのうし》の教へによりて、学問の道大さにひらけたるが故也。

まことに古事記は、漢文《からぶみ》のかざりをまじへたることなどなく、ただ古《いにしへ》よりの伝説のままにて、記しざまいといとめでたく、上代《かみつよ》の有りさまをしるに、これにしく物なく、そのうへ神代《かみよ》の事も書紀よりはつぶさに多くしるされたれば、道をしる第一の古典にして、古学《いにしへまなび》のともがらの尤も尊み学ぶべきは此書也。

然るゆゑに、己《おのれ》壮年より数十年の間、心力をつくして此記の伝四十四巻をあらはして、いにしへ学びのしるべとせり。

さて、此記は、古伝説のままにしるせる書なるに、その文のなほ漢文《からぶみ》ざまなるはいかにといふに、奈良の御代までは仮字文《かなぶみ》といふことはなかりし故に、書はおしなべて漢文に書けるならひなりき。そもそも文字・書籍《ふみ》は、もと漢国《からくに》より出でたる物なれば、皇国《みくに》に渡り来ても、その用ひやう、かの国にて物をしるす法《のり》のままにならひて書きそめたるにて、ここと かしこと、語のふりはたがへることとあれども、片仮字《かたかな》も平仮字《ひらがな》もなき以前は、はじめよりのならひのままに、物はみな漢文に書きたりし也。仮字文といふ物は、いろは仮字出来て後の事也。いろは仮字は、今の京になりて後に出来たり。されば古書のみな漢文なるは、古の世のなべてのならひにこそあれ。後世《のちのよ》のごとく好みて漢文に書けるにはあらず。

【注釈】

三部の本書　卜部《うらべ》家（唯一《ゆいいつ》神道）において、その神道説のよりどころとして定められた三大史書、『旧事紀《くじき》』『古事記』『日本書紀』の三書。卜部兼倶《うらべかねとも》が首唱し、種々の家伝秘説が唱えられた。『唯一神道名法要集《ゆいいつしんとうみょうほうようしゅう》』「問う、何《いず》れの書籍を以て本拠と為す哉《や》。答う、三部の本書有り、之を以て顕露《けんろ》の教えを立つ。又三部の神経《しんきょう》有り、之を以て隠幽《おんゆう》の教えと為す。唯一神道、顕密の二教、是れ也。問う、三部の本書とは何ぞ哉《や》。答う、先代旧事本紀（聖徳太子《しょうとくたいし》の撰）・古事記（太朝臣安丸の撰）・日本書紀（一品舎人親王勅を奉りて撰す）、是れを三部の本書と云う」。

日本紀をむねとし　『古事記伝』巻一「書紀の論《あげつら》ひ」に、「古昔より世間《よのなか》おしなべて、只此書紀をのみ、人とうとび用いて、世々の物知り人も、是にいたく心をくだきつつ、言痛《こちた》きまでその神代巻には、註釈なども多かるに」と言う。『日本書紀』は、歴史書として、また神典として古くから尊重されてきた。

旧事紀は聖徳太子の御撰としてこれを用ひて　序文によれば、推古天皇二八年（六二〇）成立の、聖徳太子《しょうとくたいし》と蘇我馬子《そがのうまこ》を編者とする勅撰の史書である。つまり記・紀よりも古いということになり、このことはながく信じられて、神典として重んじられてきた。

古事記をばさのみたふとまず、深く心を用ふる人もなかりし也　江戸中期、賀茂真淵や田安宗武ら古学者によって『古事記』が注目されるようになった。『古事記伝』巻一「諸本又注釈の事」は、『古事記伝』以前の古事記研究史を回顧したもの。宣長は真福寺本の転写本も見ているが、「余の本どもとは異なる、めずらしき事もおりおりあるを、字の脱ちたる誤れるなどは、殊にしげくぞある」と言う。本書「解説」参照。

旧事紀は真の書にあらず、後の人の撰び成せる物なることをしりそめて　『旧事紀《くじき》』は、江戸時代になってまず水戸藩の学者（徳川光圀《みつくに》・今井似閑《じかん》など）によって疑われはじめた。その後、多田義俊《ただよしとし》（『旧事紀偽撰考』）・伊勢貞丈《いせさだたけ》（『旧事紀剝偽』）らによって、序文が後世の偽作であり、本文も奈良朝まで溯らないと断定された。宣長も『古事記伝』巻一に「旧事紀といふ書の論」の章をもうけて論じる。ただし、宣長は、「無き事をひたぶるに造りて書けるにもあらず」と言う。すなわち、この書はおもに『古事記』と『日本書紀』とを取り合わせてつくったことが明らかである。『古語拾遺』とおなじ文章の箇所もままあって、これらの事実は、本書が当時において存在していた文献をもとに編纂したものであることの証明にほかならない。したがって、これを平安時代初期成立の史書と見なせば、偽書というにあたらない（序文をのぞけば）。むしろ、今日に成書としてのこらない、いわゆる逸文を伝えているという意味において貴重である、とする。要は、無批判に神典として崇めたてまつっていたことがいけないのであり、テキストクリティークさえしっかりしていれば、歴史史料として使用に堪えるということである。

これ、全く吾師大人の教へによりて、学問の道大きにひらけたるが故也　「吾師大人」は賀茂真淵。宣長は、宝暦一三年五月、奈良旅行の帰途松坂にたちよった真淵に対面し、その年の暮れに入門した。そのとき、『古事記』の注釈を志していることを述べると、真淵もかねてから古事記研究の必要を痛感していたと言って、それを宣長に託した。

古事記は、漢文のかざりをまじへたることなどなく　『古事記伝』巻一「古記典等総論」にも、「此記（古事記）は、字《もじ》の文《あや》をもかざらずて、もはら古語《ふるごと》をむねとはして、古の実《まこと》のありさまを失わじと勤めたること、序に見え、又今次々に云うが如し」と言う。『日本書紀』の文章が漢文的装飾の多いのに比して、『古事記』の文章が素朴なことを評価する。

その文のなほ漢文ざまなるはいかにといふに　『古事記伝』巻一「文体の事」で、「抑も此記は、もはら古語を伝うるを旨とせられたる書なれば、中昔の物語文などの如く、皇国《みくに》の語のままに、一もじもたがえず、仮字書《かながき》にこそせらるべきに、いかなれば漢文には物せられつるぞといわむか。いで其ゆえを委曲に示さむ」と言って、詳細に論じる。『石上私淑言《いそのかみのささめごと》』巻三にも同趣旨の文言がある。

文字・書籍は、もと漢国より出でたる物　百済《くだら》の学者王仁《わに》（和邇とも）が応神天皇の時代に渡来し、『論語』一〇巻と『千字文《せんじもん》』一巻を日本にもたらした（『古事記』による）。古来これを漢字の伝来とするのが通説。宣長も『古事記伝』巻一「文体の事」で、「西土《にしぐに》の文字の始めて渡り参り来つるは、記に応神天皇の御世に、百済の国より和邇吉師ちょう人につけて、論語と千字文とを貢りしことある、此時よりなるべし」と言う。ただし、同書巻三三では、これを史実でないとする。

いろは仮字　仮名のこと。『和字大観抄《わじたいかんしょう》』巻上「平仮字と云ふ弁」に「いろはを平仮字と称する事、本朝学原には、平易の義と云う。今按ずるに、平均の意なるべし。貴賤男女平均《ひとしく》に用ゆればなるべし。片仮字・真字は女に便りならざるに似たれば、今のいろはの其の用広きを以て、平均の意にて平仮字と称せるならん」とあるように、とくに平仮名をさしていう場合がおおい。近世人の意識では、片仮名は「五十音図」と結びつけられ、平仮名は「いろは」と結びつけられていたようである。↓【余録】

いろは仮字は、今の京になりて後に出来たり　真仮名《まがな》がもとになって、漢字の略体化したものが片仮名、草体化したものが平仮名。俗説では、平仮名は弘法大師《こうぼうだいし》が、片仮名は吉備真備《きびのまきび》が発明したとされるが、もちろん確証はない。『類聚名物考《るいじゅめいぶつこう》』巻二七五「いろは仮名の事、その説いと多し。今世に言い伝えし所まちまちにして、その出ずる所みないまだ詳ならず。憶説推談のみにて、いずれまさしき文献の徴なし」。

【口語訳】

まず神典は、『旧事紀』『古事記』『日本書紀』を、昔から「三部の本書」という。そのうちでも世の学者は『日本書紀』を第一として学ぶ。つぎに『旧事紀』は、聖徳太子の御撰とみなされていて、よく用いられ、『古事記』はそれほど重視されなかった。しかしながら、近代になって、『旧事紀』は真の古典ではなく、後世の人の手に成ったものであることが判明して、今ではほとんどこれを用いる人がいなくなった。それによって『古事記』の価値が認識されるようになったのだが、これはまったくわが真淵先生の教えの賜物であって、学問の道がおおいにひらけたことによるのである。

まさに『古事記』は、漢文のような装飾がなく、ただ古からの伝説のままを記していて、きわめて優れた文章である。古代のありさまを知るに、これ以上のものはなく、そのうえ、神代のことも『日本書紀』よりは詳しく書かれてあるので、道を知る第一の文献である。古学者たるもの、かならず尊んで学ぶべき古典である。

であるから、わたしは壮年のころより数十年を費やし、力をつくして『古事記』の注釈四四巻をあらわして、古学のための道標としたのだ。

ところで、『古事記』は古伝説のままに記しているというのに、なぜその文章は漢文体なのか。それは、奈良朝までは仮名文というものがなかったからである。文章はすべて漢文で書く習慣であった。そもそも文字や書籍は中国から起こったものであって、わが皇国に渡ってきても、その用法は、かの国での記し方をそのままにならって書きはじめた。それぞれ言語の構造は相違したのだが、片仮名も平仮名もない以前は、慣習のまま、ものはみな漢文でもって書いたのである。仮名文というものは、いろは仮名ができてからのことである。いろは仮名は、今の京（平安京）になってのちにできた。だから、古文献がみな漢文であるのは、古代のすべての慣習であって、後世のように好んで漢文で書いたわけではない。

【余録】

「いろは」は、四七音節《おんせつ》の歌謡「いろはにほへとちりぬるをわかよたれそつねならむうゐのおくやまけふこえてあさきゆめみしゑひもせす」。おなじ音節の仮名を繰り返さずに配列しているところから、音節の表として作られたと考えられるが、後世、ものの順序をしめす仮名の表として機能した。現存最古の「いろは」は、大東急記念文庫所蔵の『金光明《こんこうみょう》 最勝王《さいしょうおう》経音義《きょうおんぎ》』に記されるもの（一〇七九年）。平安時代成立の同様の表はほかに「五十音図」「あめつち」「たゐに」があるが、弘法大師《こうぼうだいし》の作と考えられていたこともあって『江談抄』など)、一般には「いろは」がもっとも用いられた。近代国語辞書の嚆矢《こうし》『言海』の五十音順配列に、あの福沢諭吉《ふくざわゆきち》でさえ違和感をもったという(高田宏『言葉の海へ』)。

古事記をさきとすべし(その2)

さて、歌は殊に詞《ことば》にあやをなして、一もじもたがへてはかなはぬ物なる故に、古書《ふるきふみ》にもこれをば、別に仮字《かな》に書けり。それも真仮字《まがな》也。又、祝詞《のりと》・宣命《せんみょう》などもの詞をととのへかざりたる物にて、漢文《からぶみ》ざまには書きがたければ、これも別に書法《かきざま》有りし也。

然るを、後世に至りては、片仮字・平仮字といふ物あれば、万《よろづ》の事、皇国《みくに》の語のままに、いかやうにも自由に物はかかることなれば、古《いにしへ》のやうに物を漢文に書くべきことにはあらず。便《たより》よく正しき方をすてて正しからず不便なるかたを用ふるは、いと愚《おろ》か也。上件《うへのくだり》の子細をわきまへざる人、古書のみな漢文なるを見て、今も物は漢文に書くをよきことと心得たるはひがこと也。

然るに、諸家の記録《ふみ》、其外つねの文書・消息文《しょうそこぶみ》などのたぐひは、なほ後世までもみな漢文ざまに書くならひにて、これを男《をとこ》もじ・男ぶみといひ、いろは仮字をば女も《し》じ、仮字文をば女ぶみとしもいふなるは、男はおのづからかの古のならひのままに為来《き》り、女は便《たより》にまかせて、多くいろは仮字をのみ用ひたるから、かかる名目も有る也。

【注釈】

歌は殊に詞にあやをなして 各論（ム）「古風の歌をまなびてよむべし」・（ノ）「後世風をもすてずして」参照。

一もじもたがへてはかなはぬ物なる故に 換言すれば、漢文は内容しか伝達できないということ。これは、中国語と漢文の関係においても、基本的には同じである（岡田英弘『世界史の誕生』など）。

別に仮字に書けり。それも真仮字也 「真仮字《まがな》」は、日本語音をあらわした漢字のこと。漢字音を日本語音（一音）にあてるわけで、漢字本来の意味とは無関係。これを普通、「万葉仮名」と呼ぶが、この用語は、万葉学者、国語学者、一般の国文学者のあいだで、その概念の把握に微妙なずれがあると思われる。詳しくは、拙著『かなづかい入門――歴史的仮名遣vs現代仮名遣』（平凡社新書）の補注を参照されたい。

祝詞・宣命なども詞をととのへかざりたる物にて 宣命《せんみょう》については総論「よく見ではかなはぬ書ども」参照。宣命は原則として日本語の語序にしたがって書き、体言・用言・副詞・接続詞などは漢語を大書して、助詞・助動詞・用言の活用語尾などは真仮名で小書する。この書記法を「宣命書き」といい、宣命のほかに祝詞《のりと》の表記などにもつかわれた。この表記法は、日本人の母語にたいする自覚的な認識の反映であって、古代日本語の資料として貴重である。古学の資料として祝詞の価値を最初に強調したのは賀茂真淵で、『延喜式祝詞解《えんぎしきのりとかい》』『祝詞考《のりとこう》』を著した。宣長もそれに影響されて、『大祓詞後釈《おおはらえことばこうしゃく》』『出雲国造神寿後釈《いずものくにのみやつこかんよごとこうしゃく》』を著述する。「歌と祝詞と宣命詞と、これらのみは、いと古より、古語のままに書き伝えたり。これらは言に文をなして、麗くつづりて、唱え挙げて、神にも人にも聞き感《め》でしめ、歌は詠めもする物にて、一字も違いては悪かる故に、漢文には書きがたければぞかし」(『古事記伝』巻一「文体の事」)。

別に書法有りし也　宣命書きのこと。『古事記伝』巻一「文体の事」に、「祝詞・宣命は、又別に一種の書法ありて、世に宣命書といえり」。

諸家の記録　ここは、公家が残した日次《ひなみ》の記録をさす。いわゆる公家日記であり、国文学で扱われるところの文学的な日記ではない。『中右記《ちゅうゆうき》』『御《み》堂関白記《どうかんぱくき》』『貞信公記《ていしんこうき》』『明月記《めいげつき》』など。かなり崩れた変体漢文で書かれる。公家が日記をしるすのは、江戸時代までつづき、『時慶卿記《ときよしきょうき》』(西洞院時慶《にしのとういんときよし》)『通村公記《みちむらこうき》』(中院通村《なかのいんみちむら》)『槐栄記《かいえいき》』(烏丸光栄)などおおく残っている。これらのなかには多数の転写本をもつものもあるが、このことは、公家日記が年中行事や儀式の有職故実の典拠として機能していたことのあらわれであり、まさにそれ自身を目的とした記録でもあった。

文書　原義は、書きもの、書き付け、書類。が、これを専門的な用語とするなら、発給者と受給者の存在するものに限ってつかわれる。だから、日記やメモのようなものは文書とは言わない。発給者と受給者ともに、個人である必要はない。公的なもの（発給者が役所など）を「公文書」、私的なもの（たとえば私信）を「私文書」といい、とくに近代以前のものを「古文書」という。読みはモンジョ・ブンショ両用あるが、歴史学の世界では前者、行政関係では後者が普通であるようである。もちろん、これは近代になっての狭義の使われ方であるから、宣長が厳密につかっているわけではない。

消息文　手紙文のこと。平安後期成立の書簡文例集の『明衡往来《めいこうおうらい》』はすべて漢文体。

男もじ・男ぶみ　『雅言集覧《がげんしゅうらん》』「をとこで」の項に「漢字をいえり」とあり、『宇津保物語』『土佐日記』から用例を引く。『和字大観抄《わじたいかんしょう》』巻上「平仮字と云ふ弁」に、「土佐日記には、真字を男文字とし、平かなを女文字といえり」。

いろは仮字をば女もじ　宣長も平仮名を「いろは」とする。『和訓栞《わくんのしおり》』中編「をんなで」の項に「源氏にみゆ。女書の義、今の仮名也といえり」とある。

仮字文をば女ぶみとしもいふなる　『雅言集覧』「をんなぶみ」に、『源氏物語』「まんなをはしりがきてさるまじきどちの女文になかばすぎてかきすくめたる」を引用して、「女どちとりかわすふみなり」とある。

【口語訳】

いっぽう、歌はことにことばに綾をなすものであって、それを記録するのに　文字も違えることができない。そこで、古くからこれを、べつに仮名で書いた。それを真仮名《まがな》という。また、祝詞・宣命なども、ことばをととのえ飾るものだから、漢文体では書けないので、これにも特別な書記法があるのである。

しかし、後世にいたっては、片仮名・平仮名というものができて、すべてのことが、わが皇国のことばのままに、いかようにも自由に書けるようになった。いままでは、古のように漢文で書く必要はなくなった。便利で正しい方法をすてて、不正で不便なほうをとるのは、愚かなことである。上述のごときことが理解できない人は、古の文献がみな漢文であるのを見て、今になっても、漢文で書くのをいいことと心得ている。これはたいへんな過ちである。

諸家の記録や普通の文書・書簡などの類は、後世も漢文体で書くのが習慣で、これを「男文字・男文」といい、いろは仮名を「女文字」、仮名文を「女文」と呼ぶ。男はおのずから古い習慣にならい、女は便利にまかせて、おおくいろは仮名をのみ用いたところから、このような名目もあるのである。

書紀をよむには

(リ)書紀をよむには大きに心得あり云々。

書紀は朝廷《みかど》の正史《ただしきふみ》と立てられて、御世御世万《よろづ》の事これによらせ給ひ、世々の学者もこれをむねと学ぶこと也。まことに古事記は、しるしざまはいとめでたく尊けれども、神武《じんむ》天皇よりこなたの御代御代の事をしるされたる、甚だあらくすくなくして、いと広からず審《つまびら》かならざるを、此紀は広く詳《つまびら》かにしるされたるほどたぐひなく、いともたふとき御典《みふみ》也。此御典なくては、上古の事どもをひろく知るべきよしなし。然《しか》はあれども、すべて漢文《からぶみ》の潤色《かざり》多ければ、これをよむに、はじめよりその心得なくてはあるべからず。然るを、世間《よのなか》の神学者、此わきまへなくして、ただ文のままにこころえ、返りて漢文の潤色の所をよろこび尊みて殊に心を用ふるほどに、すべての解し様《やう》、ことごとく漢流《からぶり》の理窟にして、いたく古《いにしへ》の意《こころ》にたがへり。

　これらの事、大抵は古事記伝《こじきのでん》の首巻にしるせり。猶又別に、神代紀のうずの山蔭といふ物を書きていへり。ひらき見るべし。

【注釈】

すべて漢文の潤色多ければ、これをよむに　宣長は早くから『石上私淑言《いそのかみのささめごと》』巻一にも、「日本紀はすべて漢文を飾りて、うるわしからむと書けるゆえに、古語にかかわらず、ただ文章を主として書けること多し。……末の代には、ただ文章のうるわしき方にのみなずみて、古語を考うることとなし」と言う。

これらの事、大抵は古事記伝の首巻にしるせり　『古事記伝』巻一「書紀の論《あげつら》ひ」をさす。

神代紀のうずの山蔭　「神代紀髻華山蔭《じんだいきうずのやまかげ》」。宣長著。二巻。寛政一〇年完成、同一二年刊行。『日本書紀』神代巻の約三〇〇項の語句について注釈したもの。

【口語訳】

『日本書紀』は朝廷の正史と認められている。だから、なにごともこの書を典拠として学問がなされてきた。たしかに『古事記』は、その書きざまはめでたく尊いけれども、神武天皇このかたの代々の記事は、はなはだ粗く少なくて、広くなく詳しくない。それにひきかえ、『日本書紀』のほうは、広く詳しく記録されていて、これに匹敵するものがない。まことに貴重な文献である。これなくしては、古代のことを広く知るすべはない。

しかしながら、『日本書紀』には漢文の潤色がおおく、これを読むには、はじめから注意が必要である。ところが、世間の神学者はそこをわきまえず、ただ文章のままを真《ま》に受けて、かえって漢文風に潤色したところをよろこび尊んで、特別に意をはらう。それで、読解がことごとく漢流の理屈に陥って、わが古の意と違うことになるのである。

これらのことは、『古事記伝』の首巻に述べておいた。また、べつに『神代紀髻華山蔭』という書にも述べたので、参照してほしい。

六国史

(ヌ)六国史といふ云々。

六国史《りつこくし》のうち日本後紀《にほんこうき》は、いかにしたるにか、亡《う》せて伝はらず。今それとゞ廿巻あるは、全き物にあらず。然るに、近き世、鴨祐之《かものすけゆき》といひし人、類聚国史《るいじゆこくし》をむねと取り、かたはら他の正しき古書共をもとり加へて、日本逸史《にほんいつし》といふ物四十巻を撰定せる、後紀のかはりは此書にてたれり。類聚国史は、六国史に記されたる諸《もろもろ》の事を、部類を分け聚《あつ》めて、菅原大臣《すがはらのおとど》の撰び給へる書《ふみ》也。

さて、三代実録の後は、正しき国史は無し。されば、宇多《うだ》天皇よりこなたの御世御世の事は、ただこれかれかたはらの書共を見てしること也。其書ども、国史のたぐひなるもあまた有り。近世、水戸の大日本史は、神武天皇より、後小松《ごこまつ》天皇の、後亀山《ごかめやま》天皇の御禅《みゆづり》を受けさせ給へる御事までしるされて、めでたき書也。

【注釈】

日本後紀は、いかにしたるにか、亡せて伝はらず　『日本後紀』はもと全四〇巻であり、鎌倉時代末期まで全巻伝存したことが確認できる。その後ながく行方が知られなかったが、塙保己《はなわほき》一《いち》の門人稲山行教《いなやまゆきのり》が残存の一〇巻分を京都で発見（三条西家本）、書写して江戸に持ってかえった。うち巻五・八・一三・一四・一七・二〇・二二・二四を校合しおわったのが寛政一一年一〇月（保己一識語による）。翌年、和学講談所から出版された。巻一二・二一の校合卒業が二年後の享和元年一一月であった（これも翌年出版か）。したがって、『うひ山ぶみ』執筆・刊行の時点で、この新資料の存在を宣長は知らなかった。『古事記伝』に引用される『日本後紀』も、鴨祐之《かものすけゆき》の『日本逸史《にほんいつし》』（次ページ）からと思われる。そして、出版されたばかりの和学講談所本が、たまたま江戸に出ていた門人の殿村安守《とのむらやすもり》から送られてきた。寛政一二年六月一一日付堀口光重《ほりぐちみつしげ》宛書簡で、「江戸安守より日本後紀八巻参り」と報告している。同年八月八日にも、長瀬真幸《ながせまさき》にあてた書信で、「塙検校追々古書上木、扨々結構成に御座候。後紀八冊出候て開板、甚だ目出度《めでた》き事に御座候。本も宜く出来申候」と言う。

今それとて廿巻あるは、全き物にあらず　当時、二〇巻本の『日本後紀』が写本で流布していたが、水戸藩の学者たちは偽書と見なしていた。『年山紀聞《ねんざんきぶん》』巻二「西山公《せいざんこう》（光圀）久しく日本後紀を探りたまうといえども、真の本を得たまわず。いにしころ京師より一本来りしを、彰考館にて吟味せられたるに、はよう偽書にてぞ侍りし。……さても此偽書作りたる人は何ものぞや。害を後世に残す事すくなからず。にくむに堪えたる罪人なり。……真の日本後紀は、類聚国史《るいじゅこくし》と日本紀略《にほんきりゃく》に引かれたるのみぞたしかなる。全本はいつの頃より絶えはてて侍るらん。むかし梓行《しこう》の不自由なりし世に、公家にあるいは二三部などうつし持ちたまえるが、度々の火災に焼けうせたるにぞ侍らん」。鹿持雅澄《かもちまさずみ》『南京遺響《なんきょういきょう》』巻上「この日本後紀は、今世に流布《おこな》われる本なり。そもそも此書は偽作なりとて、はやくより人皆信《うなず》けぬことなり。まことに此はそのかみの古本にあらず。つたなきことども多くて、文法の備わらざるものなり。もはら類聚国史《るいじゅこくし》・日本紀略《にほんきりやく》・公卿補任《くぎょうぶにん》其外の古書どもを拾い綴りて、後に作れるものと見えたり。近き頃、保己一検校が刊行《えりおこな》えるところの残冊日本後紀、合せて十巻ばかりあり。此ぞまことの古本なる」。だが、宣長は偽書とまでは言っていない。そのスタンスのとりかたは、『旧事紀』のときと同じで、村田春海《むらたはるみ》が『和学大概《わがくたいがい》』でいうところと軌を一にしている。春海曰く、「今存したる本は偽書なりという。今其書をみるに、後人の偽作ともさだめがたし。古の本にはあらざるべけれども、古人の古書によりて抄録せしものならんか。類聚国史《るいじゅこくし》などの誤字にてよみがたき所、此書にて明らかなる事あれば、かならずしも廃すべからざる書なり」。雅澄も前出の文につづけて、「各々古書によりて綴れるものなれば、偽書なりとてひたすら捨つべきにはあらずなむ」と言う。最新の研究に、大平和典「一十巻本『日本後紀』の成立と内容」(『日本歴史』六六一号)がある。

鴨祐之　京都下鴨神社祀官の家に生まれる。山崎闇斎《やまざきあんさい》門の高弟。国史に精通する。

日本逸史　元禄五年序、享保九年刊。当時逸亡していた『日本後紀』を復元するために、『類聚国史』をはじめとして『日本紀略』『公卿補任』『令集解』などの諸書から関係記事を蒐集して編年体にし、それぞれ出典を注記する。『日本後紀』にあわせて四〇巻。祐之の代表作というにとどまらず、近世前期におけるレベルの高い研究書。

類聚国史　菅原道真《すがわらのみちざね》撰の史書。六国史《りっこくし》の記事を神祇・帝王・後宮・歳時・刑法などに分類する。もと全二〇〇巻、現存は六二巻。古くから勅撰史書という説があったが、近世以後はとられない。菅原道真以後の加筆があるとみなされていた（伊勢貞丈・河村秀根・伴信友など）。文化年間、仙石政和《せんごくまさかず》による校正本が出版された。なお、道真は『三代実録』の撰者のひとりであったが、完成以前に配流された。

三代実録の後は、正しき国史は無し　『三代実録』以後も朝廷で史書の編纂が続行されたが、完成をみず中絶した。文科大学史料編纂掛（現在の東京大学史料編纂所）によって明治三四年から刊行されている『大日本史料』は、それを引き継ぐ大事業。

宇多天皇よりこなたの御世御世の事　六国史の最後『日本三代実録』は、宇多《うだ》天皇の先代、光孝《こう》天皇までの歴史。

水戸の大日本史　明暦三年（一六五七）、水戸藩主徳川光圀《みつくに》によって江戸藩邸内に史局（のち彰考館）がもうけられ、そこにおいて編纂が始まった。本紀・列伝・志（各種制度史）・表（官職表）・目録の全四〇二巻で、明治三九年に完成した。ただし、『うひ山ぶみ』執筆時には、本紀・列伝しか完成しておらず（未刊）、志・表については藩内で編纂を続行するかどうか意見の対立があった。↓【余録】

後小松天皇の、後亀山天皇の御禅を受けさせ給へる御事までしるされて　後亀山天皇は南朝最後の天皇。一三九二年に京都に還幸して、神器を北朝の後小松天皇に譲り、これによって南北朝合一が実現した。『大日本史』はここまでを扱う。

【口語訳】

六国史のうち『日本後紀』は、どうしたわけか、佚して伝存していない。いま二〇巻本としてあるのは、完全なものではない。しかるに最近、鴨祐之という学者が、『類聚国史』をもとにほかの確かな文献をも参照して『日本逸史』全四〇巻を撰定した。『日本後紀』のかわりは、これでもって足りる。『類聚国史』は、六国史に記された記事を部類別に分類したもので、菅原道真の撰述にかかる。

さて、『三代実録』以降は、勅撰の国史はない。したがって、宇多天皇より以後の歴史は、ほかのさまざまの文献や史書によらなければならない。それらのなかには、勅撰の国史にくらべて遜色のないものも多くある。たとえば、水戸藩の『大日本史』は、神武天皇以来、後小松天皇が後亀山天皇から皇位を継ぐまでの歴史であって、たいへん優れたものだ。


【余録】

『大日本史』は、その入念な史料調査と史実の厳密な実証的考証によって、歴史の学問的研究の範とするに足る。と同時に、歴史の正閏《せいじゅん》（正統と傍流）を峻別するという儒教的歴史観につらぬかれており、後世、水戸学が生まれるのもこの修史事業によってであった。『大日本史』が後世にあたえた影響の最大のものは、南朝を正統の皇統とかぞえたことである（いわゆる大日本史三大特筆のひとつ）。幕末尊皇攘夷運動の思想的バックボーンになり、明治四四年の南北朝正閏問題にまで尾をひいた。両朝併記というヨーロッパ流歴史学が国史学界の主流となっていた当時、これが社会問題として顕在化したのは、正統を論証することをもって歴史の学とする東アジア的歴史意識が、まだ一般に根強かったことのあらわれである。

御世御世の宣命

(ル)御世御世の宣命には云々。

書紀に挙げられたる御世御世《みよみよ》の詔勅は、みな漢文《からぶみ》なるのみなるを、続紀《しよつき》よりこなたの史《ふみ》共には、皇朝詞《みくにことば》の詔《みことのり》をも載せられたる、これを分けて宣命といふ也。続紀なるは、世あがりたれば、殊に古語《ふるごと》多し。その次々の史どもなる、やうやうに古き語はすくなくなりゆきて、漢詞おほくまじれり。

すべて宣命にはかぎらず、何事にもせよ、からめきたるすぢをはなれて、皇国《みくに》の上代《かみつよ》めきたるすぢの事《わざ》や詞《ことば》は、いづれの書にあるをも、殊に心をとどめて見るべし。古《いにしへ》をしる助けとなること也。

【注釈】

書紀に挙げられたる御世御世の詔勅は、みな漢文なるのみなるを　「詔勅」は、詔と勅。ともにミコトノリと訓じる。本来、神や天皇のおことばという意味であるが、律令制のもとでは、天皇の命令をつたえる文書として詔書《しょうしょ》と勅書《ちょくしょ》が規定された（公式令《くしきりょう》）。『日本書紀』巻三神武天皇四年からしばしば、「詔して曰わく」として、純漢文風の詔勅があらわれる。総論「よく見ではかなはぬ書ども」参照。

続紀よりこなたの史共には、皇朝詞の詔をも載せられたる　現存最古の宣命は文武天皇の即位（六九七年八月一七日）のときのものであって、『続日本紀』にはそれをふくめて六二篇の宣命が収録される。宣長の『続紀歴朝詔詞解《しょつきれきちょうしょうしかい》』六巻は、宣命の先駆的な研究である。

【口語訳】

『日本書紀』にある代々の詔勅はすべて漢文であるが、『続日本紀』以後の正史には、和文の詔も載せられている。これをとくに「宣命」という。『続日本紀』のものは、時代が古いので、ことに古語がおおい。その後の史書に載るものは、しだいに古語はすくなくなって、漢語もおおく混じっている。

すべて宣命にかぎらず、なにごとも、漢《から》めいたところを排して、皇国の上代めいたことがらやことばは、どんな文献にあるものでも、とくに注意して読むべきである。古を知るたすけになるものだ。

釈日本紀

(ヲ)釈日本紀。

此書は後の物にて、説もすべてをさなけれども、今の世には伝はらぬ古書どもを、これかれと引き出でたる中に、いとめづらかにたふときことどもの有る也。諸国の風土記なども、みな今は伝はらざるに、此書と仙覚《せんがく》が万葉の抄とに引き出でたる所々のみぞ、世にのこれる。これ、殊に古学《いにしへまなび》の用なり。又、むかしの私記《しき》どもも皆亡《う》せぬるを、此釈には多く其説をあげたり。私記の説も、すべてをさなけれども、古き故に、さすがに取るべき事もままある也。

さて、六国史《りつこくし》をはじめてここに挙げたる書共、いづれも板本《すりまき》も写本《うつしまき》も、誤字脱文等多ければ、古本《ふるきふみ》を得て校正すべし。されど、古本はたやすく得がたきものなれば、まづ人の校正したる本を求め借りてなりとも、つぎつぎ直すべき也。

さて又ついでにいはむ。今の世は、古《いにしへ》をたふとみ好む人おほくなりぬるにつきては、おのづからめづらしき古書の、世に埋れたるも顕れ出づる有り。又それにつきては、偽書《いつはりぶみ》も多く出づるを、その真偽は、よく見る人は見分くれども、初学の輩などはえ見分けねば、偽書によくはかるる事あり。心すべし。されば、初学のほどは、めづらしき書《ふみ》を得んことをばさのみ好むべからず。

【注釈】

諸国の風土記なども、みな今は伝はらざるに　風土記《ふどき》は、出雲国のほかに、常陸・播磨・豊後・肥前のものが部分的に現存する。宣長は、『玉勝間《たまかつま》』巻一「古書どもの事」で、応仁以後のうちつづく戦乱によって散逸したことを惜しんでいる。なお、『播磨国風土記』が学界に紹介されたのは寛政年間。

此書と仙覚が万葉の抄とに引き出でたる所々のみぞ、世にのこれる　仙覚《せんがく》は鎌倉時代の学僧。中世期の万葉研究史上、特筆すべき存在。それまで訓み残されていた『万葉集』の歌について、たびかさなる校勘をへて全歌に付訓した。研究史上、仙覚によるものを「新点」という。その著『万葉集註釈』は、その成果のうえに成るもので、一般に「仙覚抄」とよばれる。『万葉集』の名義や成立年代、撰者などに関する考証は、従来にない学問的な姿勢でおこなわれており、現在でもとるべき説がある。注釈の態度も同様で、おおくの文献を引用する態度は、契沖《けいちゅう》らの古学にも影響が少なくない。宣長が「釈日本紀、仙覚が万葉の抄などを見るに、そのほどまでは、国々の風土記も大かたそなわりて伝われりと見えたり」（『玉勝間』巻一「古書どもの事」）と評価するように、『釈日本紀』『仙覚抄』はともに、いまでは失われた風土記本文がおおく引用されている。それらをもとにして風土記逸文の蒐集事業が江戸時代以後にさかんになった。林羅山《はやしらざん》『諸国風土記抜萃《しょこくふどきばっすい》』、今井似閑《いまいじかん》『万葉緯《まんようい》』、狩谷棭斎《かりやえきさい》『採輯諸国風土記』、伴信友《ばんのぶとも》『古本風土記逸文』、栗田寛《くりたひろし》『纂訂《さんてい》古風土記逸文』『古風土記逸文考証』などがある。安永八年、宣長は、荒木田経雅《あらきだつねただ》から借りた『諸書所証風土記文』を春庭《はるにわ》に写させて校合する（宣長記念館所蔵本識語）。

むかしの私記ども　各論（へ）「初学のともがら」参照。

板本も写本も、誤字脱文等多ければ、古本を得て校正すべし　『日本書紀』の版本について同趣旨のことを、『玉勝間』巻一「古書どもの事」に述べる。↓【余録一】

古本はたやすく得がたきものなれば　たとえば、当時、元暦校本《げんりゃくこうほん》『万葉集』が伊勢射和《いざわ》の素封家富山家に蔵されており、宣長が長瀬真幸《ながせまさき》宛書簡（寛政六年二月二日付）で、「当地に万葉古本有之候《これありそうろう》との御事、是は当地にては無御座《ござなく》、一里半計《ばかり》はなれ候郷中にて御座候。此万葉之義は、追て貴面之節御咄し可申候《もうすべく》。名高き万葉にて御座候」とその消息をつたえる。それを最初に校訂につかったのが、伊勢真淵門の荒木田久老《あらきだひさおい》であった（『万葉考槻乃落葉《まんようこうつきのおちば》』）。同門の加藤千蔭《かとうちかげ》が元暦本によって『万葉集』を校訂し、それが受け継がれてゆくさまは、たとえば長瀬真幸が江戸で写した転写本の識語などによって知られる（拙稿「覚書　長瀬真幸伝」『江戸時代学芸史論考』所収）。

おのづからめづらしき古書の、世に埋れたるも顕れ出づる有り　たとえば、『新撰字鏡《しんせんじきょう》』（平安初期成立の辞書）は、宝暦一三年に村田春郷《むらたはるさと》・春海《はるみ》兄弟が京都で入手して学界に知られるようになった（京都大学文学部編『新撰字鏡増訂版』解題）。宣長はそれを転写している（明和九年。本居宣長記念館蔵本識語による）。のち享和三年に版行されるが、その対校本のひとつに宣長校本がある。『玉勝間』でも、本書の資料的価値を称揚する（巻一四）。そのほか、『日本後紀』の例については、各論（ヌ）「六国史」参照。説話集として評価のひくかった『今昔物語集』の研究が鈴鹿本系統の本文でもって活発化するのも、清水浜臣《しみずはまおみ》や伴信友《ばんのぶとも》などによってである。↓【余録二】

偽書も多く出づるを　『玉勝間《たまかつま》』では次のような偽書をあげつらう。『松嶋日記《まつしまにっき》』『須磨記《すまのき》』（巻二「松嶋の日記といふ物」）、『神別本紀《しんべつほんぎ》』（巻二「いせの国なる辛洲社」）、『三部神経』（巻一一「三部神経といふ偽書の事」）、『旧事《くじ》大成経《たいせいきょう》』（巻一一「旧事大成経といふ偽書の事」）など。

【口語訳】

これは後世のものであって、その説もすべて拙いのであるが、今日にはつたわらない古文献をあちこちに引用してあって、そのなかにひじょうに貴重なものがある。諸国の風土記なども、現在ではおおく散逸しているが、この書と仙覚の万葉の注釈とに引用されているものでもって残っている。これはことに古学のために役にたつ。また、昔の私記なども今では伝存しないが、それをこの釈にはおおく取り上げてある。ほとんどが拙い説ではあるが、古いゆえにさすがにとるべきところもままある。

さて、六国史をはじめここにあげた書はいずれも、版本も写本も誤字・脱文などがおおい。古い本を得て、校正すべきである。しかし、古書はたやすくは得がたいものなので、まず人の校正した本を求め借りてなりとも、つぎつぎに直すべきである。

さてまた、ついでに言おう。いまの世の中、古を尊び好む人がおおくなった。それでもって、おのずからめずらしい古書で、世に埋もれたものが発見されることがある。だが、それにつれて偽書もおおく出てくる。その真偽は、鑑識眼のある人は見分けられるけれども、初学者などはそれができないので、まんまと偽書に謀られることがある。気をつけなければならない。であるから、初学者のうちは、めずらしい本を得ようとはしないことだ。

【余録 一】

以下に、『玉勝間』巻一「古書どもの事」を口語訳して掲げる。

――ふるい書物が世に絶えて伝わらないのは、なににもまして口惜しく嘆かわしいことだ。『釈日本紀』や仙覚の『万葉集註釈』などを見るに、その頃までは、諸国の風土記もおおかた揃って伝わっていたことがわかる。『釈日本紀』に引用する上宮記というのは、僅かではあるが、その文章のさまが『古事記』よりも、いま一段ふるるく見えて、まことに聖徳太子の時代のものであろう。また、風土記はたいへん貴重なものなのに、現在はただ出雲一国のだけが残って、ほかはみな絶えてしまった。かえすがえすも口惜しいかぎりである。

これは、応仁《おうにん》よりこのかた打ち続いた都の戦乱で、ふるい書物もみな焼けてなくなったり、あるいは散り散りになってなくなったりしたからである。それでも、今の時代のように、国々に学問する人たちがいて、書物を必要とするものが多くいたとしたならば、こんなにひどく絶え果てることはなかったろう。だが、そのころは、いまだ田舎には学問する人は稀であって、京以外にはなかなか書物などなかった。もっとも、漢籍の古いものなどは、ときどき田舎にも残っていることがあるが、これは漢国をとうとぶ世のならいの所為である。

かくして、風土記は今の世にもいろいろあるけれども、これは奈良の御代のものではなく、時代が下ってから作られたものである。その文章のさまも、もとの古い風土記とはいたく違っていて、おおかたは劣っている。そのなかで豊後国のは奈良時代のものだが、ただ僅かしか残っておらず、完璧ではない。

そもそも、このように、古くよいものが絶えて後の粗悪なものが残るのは、なにゆえか。思うに、これはきっと、世の人の心がおしなべて漢風にばかり傾き、古くて漢風でないものを好まず、後世のちょっとでも漢風に近いのをよろこぶゆえであろう。神代巻も、『日本書紀』ばかりを尊んで、『古事記』のほうはないがしろにしていることをもってしても、容易に推測がつく。

さて、このように、もとの風土記はみな絶えたにもかかわらず、国の数は多いなかで、出雲国のが残ったこと、これは不幸中のすばらしい幸いというべきである。また、『日本書紀』は元来、絶えて無くなるはずのないものだが、『古事記』『万葉集』が偶然に絶えることなく今日に残った。はなはだ後の世の幸いというべきだろう。おおく現代にいて、いにしえのすがたを知れるのは、もっぱらこの二つの書物の賜物なのである。

また、『日本書紀』の今の本は、文字の誤りもところどころにある。また、訓も古言ではあるが、多くは平安朝以後のことばづかいで、音便などもたいへん多い。なかには古くめずらしく貴重な古語も混じっているが、その訓のおおくは完全とはいえない。あるいは途中が欠けていたり、あるいは文字の誤りなど、すべて整っておらず乱れているのは、ひじょうに口惜しいことである。版本は一つといわず世間にあるものの、古い写本はたいへん稀なので、これかれ比較して直すべき便宜もなく、すべて今これを正確に改め直そうとするのは、たいへん困難なことである。今の世の学者たちは、自分でいにしえの意味と言葉をよく明らかにしたと自信があっても、なお間違いばかり多いので、これを改めようとすると、かえって誤って失敗することが多くなる。

であるから、いまこれを版刻して改訂しようとするなら、文字の誤りだけを正して、訓はしばらくもとのままにしておいたほうが正解といえるであろう。

また、書物一般の刊本と写本の長所短所について言おう。

まず刊本が入手しやすく便利なのは、いうまでもない。しかしながらまた、はじめ版刻するときに、書肆の手になると、本文のよしあしを吟味しないことがよくある。そればかりか、学者の手を経て選んだものでも、なお間違いが多い。そうやってひとたび版刻されて刊本が出ると、もろもろの写本は自然とすたれて散逸しがちになって、本文が限られてくる。それゆえ、誤りを他本でもって訂正しようとしても、その他本が入手しにくいものになる。

これは、刊本あるがゆえの欠点である。

皇朝の書物は、多く元和・寛永のころ以来、ようやく版刻されるようになった。だが、いずれも善本とはいえず、誤りが多くて、別に善本を得て訂正しなければ物の用にもたたないことがおおい、これはたいへん口惜しいことだ。しかし、刊本でない書物は、転写本はさまざまあって誤りはあるとはいっても、それらを比較検討すれば、正しい本文に行き着くことができる。これは写本で伝わることのいい点のひとつである。

とはいっても、写本はまずは得がたいものなので、広く流布せず湮滅《いんめつ》もしやすい。また写すたびごとに誤りも多くなり、心ない商人の手で仕立てたものは、利をのみはかるので、あちこちこっそり省いたりなどもするため、欠陥のない善本はきわめて稀になってゆく。であるから、たとえ善本でなくとも、なおもろもろの書物は、版行しておいてはしいものである。ことに『貞観儀式』『西宮記』『北山抄』などといったもの、そのほかにもいにしえの貴重な書物で、なお写本だけしかないのが多い。これらは、なんとかして出版して世にひろく流布させたいものだ。家々の記録文なども、つぎつぎに版行することが望ましい。

今の時代、大名家などでも、熱心に古書を蒐集しているようであるが、ただその家の蔵に収めておくだけで、見る人もなく広まらない。世のためには何の役にもたたず、また所蔵している甲斐もない。もしまことに古書を愛でる志があるのならば、かかるめでたき徳川の御世のしるしに、大名たちなどは、その道の専門家をつかって、異本と校合して善い本文を校訂させて、版行して世にひろめるべきである。そうすれば、なににもましてめでたく、末代までの功績となることだろう。

富める人にとっては、出版の費用などはいかばかりのことではなく、その名声は、天下の人のこのうえない賞賛をうけて、末の世までのこるのである。かえすがえすも、志ある有徳の士の出現が望まれることだ。


【余録二】

『玉勝間《たまかつま》』巻一四において、次のように、村田春海発見の『新撰字鏡《しんせんじきょう》』を評価する。

――『新撰字鏡』は、かつて世に知られていなかった書物だったが、めずらしく近ごろ出現して、古学者たちがあまねく用いるようになった。が、編者の学力がそれほどでもないことは、序文の拙いところから明白である。内容的にも心得ぬところがある。

それはまず、その文字である。多くは世にも見なれず奇妙で、漢籍はもちろんのこと、わが国の古今の文献にもかつて見えないものが多くある。序文中に、皇国の諸書私記の字、漢国の注釈書や字書の文から取っていると言うが、それがいかなる資料からの引用か、いささか不審なところがある。又、字と注と訓とおのおの異なっていて、多くは食い違っている。

そうはいっても、後世の偽書ではない。序文にあるように、寛平・昌泰のころのものと思われる。されば、拙いながらに時代の上がったものなので、おのずから訓はみな古言であって、『和名抄』よりすぐれて貴重な記事もおおく、『和名抄』を補うことのできる資料で、古学者のかならずつねに参考にすべき書物である。

古事記伝

（ワ）古事記伝云々。

みづから著せる物を、かくやむことなき古書どもにならべて挙ぐるは、おふけなくつつましくはおぼゆれども、上にいへるごとくにて、上代《かみつよ》の事《わざ》をくはしく説き示し、古学《いにしへまなび》の心ばへをつまびらかにいへる書《ふみ》は、外になければぞかし。されば、同じくは此書も、二典《ふたみふみ》とまじへてはじめより見てよろしけれども、巻数多ければ、ここへはまはしたる也。

【口語訳】

自分の著作を、このようなそうそうたる古典とならべるのは、不遜に思われるだろうが、上述のように、古代のことを詳しく解説し、古学の心得を親切に述べた書がほかにないからである。だから、おなじことなら、この『古事記伝』を記・紀といっしょに初心のときから読んでもいいのだが、なにぶん巻数が多いので、こちらに挙げたのである。

古学の輩

(カ)古学の輩の。

古学《いにしへまなび》とは、すべて後世《のちのよ》の説にかかはらず、何事も古書によりてその本《もと》を考へ、上代《かみつよ》の事をつまびらかに明らむる学問也。

此学問、ちかき世に始まれり。契沖ほうし、歌書に限りてはあれど、此道すぢを開きそめたり。此人をぞ此まなびのはじめの祖《おや》ともいひつべき。次に、いささかおくれて羽倉大人《はぐらのうし》、荷田東麻呂宿禰《かだのあづままろのすくね》と申せしは、歌書のみならずすべての古書にわたりて、此こころばへを立て給へりき。

かくて、わが師あがたゐの大人、この羽倉大人の教へをつぎ給ひ、東国に下り江戸に在りて、さかりに此学びを唱へ給へるよりぞ、世にはあまねくひろまりにける。大かた奈良朝《ならのみやこ》よりしてあなたの古《いにしへ》のもろもろの事《わざ》のさまをこまかに精《くは》しく考へしりて、手にもとるばかりになりぬるは、もはら此大人の此古学のをしへの功《いさをし》にぞ有りける。

【注釈】

すべて後世の説にかかはらず、何事も古書によりてその本を考へ　宣長が古学の祖とする契沖は、みずからの学問の方法を「此書（万葉集）を証するには、此書より先の書を以てすべし。……後の先達の勘文注解のみに依らば、此集の本意にあらざる事多かるべし」（精撰本『万葉代匠記《だいしょうき》』惣釈）という。

此学問、ちかき世に始まれり　学問が秘伝秘説の伝授思想を脱して、実証的な自由討究の精神を持ったことをいう。

契沖ほうし　本書「解説」（二二一〜二二四ページ）参照。宣長は、宝暦二年から七年（二三〜二八歳）にかけて京都に留学、このとき『百人一首改観抄《ひやくにんいつしゆかいかんしよう》』を入手して以来、契沖の学問に傾倒した（『玉勝間』巻二「ふみども今はえやすくなれる事」「おのが物まなびの有りしやう」）。

此人をぞ此まなびのはじめの祖ともいひつべき　『古事記伝』巻一「仮字《かな》の事」に、「凡て古学の道は、此僧よりぞ、かつがつも開け初めける。いともいとも有りがたき功になむ有りける」と言う。ただし、『うひ山ぶみ』の初稿本である『濃染《こぞめ》の初入《はつしお》』（『椙山女学園大学研究論集』一二号に杉戸清彬による翻刻あり）では、契沖に言及しない。

羽倉大人、荷田東麻呂宿禰　荷田春満《かだのあずままろ》。羽倉は氏。本書「解説」（二二五ページ）参照。

すべての古書にわたりて、此こころばへを立て給へりき　春満は、家学であるところの中世以来の神道説を学んだが、合理的なあたらしい学風の影響もつよく受けた。契沖ら先輩が文学方面で開拓した文献学的考証主義の方法を、記紀や古語・律令・有職・歴史などの研究にもおよぼし、日本学としての古学の対象範囲を拡大した。春満の歌集『春葉集《しゅんようしゅう》』（寛政一〇年刊）の附録「創学校啓《そうがっこうけい》」は、和学の学校を京都に建設することの請願書で、甥で養子の在満の手で幕府に上申することになっていたものだという。

わが師あがたゐの大人、この羽倉大人の教へをつぎ給ひ　「あがたゐの大人」は、賀茂真淵《かものまぶち》。遠江国伊場村の賀茂新宮の禰宜《ねぎ》の子に生まれる。京都で春満に学び、のち田安《たやす》家に仕えて当主の宗武《むねたけ》に庇護され、おおくの門人を育てた。『玉勝間』巻六「県居大人の伝」に、「わかかりしほどより、古学《いにしえまなび》にふかく心をよせて、享保十八年に、京にのぼりて、稲荷の荷田宿禰東麻呂大人の教えをうけ給い、寛延三年に、江戸に下り給いて、其後田安殿に仕奉り給う」（年代に若干の誤伝あり）。また、『古事記伝』巻一「古記典等総論」に、「吾が岡部大人（真淵）、東国の遠朝廷《とおのみかど》の御許にして、古学をいざない賜えるによりて、千年にもおおく余るまで久しく心の底に染み著きたる漢籍意《からぶみごころ》のきたなきことを、且々もさとれる人いできて、此記（古事記）の尊きことを世人も知り初めたるは、学びの道には、神代よりたぐいもなき、彼の大人の功になむありける」。

【口語訳】

古学とは、後世の説によるのでなくて、もっぱら古文献によってそのもとを考え、古代のことを詳しく明らかにする学問である。

この学問は近年になってようやく始まった。契沖法師が、歌書に限ってではあるが、その研究方法の開拓者であって、この人を古学の祖というべきである。つぎにすこしおくれて荷田春満という人が出て、歌書だけでなくすべての古典にもこの方法を及ぼした。

かくしてわが師、賀茂真淵先生は、春満の教えを受け継ぎ、江戸の地に門戸をはって本格的にこの古学を唱えた。古学が世にひろまったのはそれからである。奈良朝以前の古代のさまざまのことを詳しく考察して、手にとるばかりに知られるようになったのは、すべて真淵先生のこの古学の教えのおかげである。

かたはしより文義を

(ヨ)初心のほどは、かたはしより文義を云々。

文義の心得がたきところを、はじめより一々に解せんとしては、とどこほりてすすまぬことあれば、聞えぬところは、まづそのままにて過すぞよき。

殊に世に難き事にしたるふしぶしをまづしらんとするは、いといとわろし。ただよく聞えたる所に心をつけて、深く味ふべき也。こはよく聞えたる事也と思ひて、なほざりに見過せば、すべてこまかなる意味もしられず、又おほく心得たがひの有りて、いつまでも其誤りをえさとらざる事有る也。

【注釈】

殊に世に難き事にしたるふしぶしをまづしらんとするは、いといとわろし　『玉勝間』巻四「学者のまづかたきふしをとふ事」に言う。「学問をする人が物知り人に会って教えを請うのに、ともすれば、まず古典のなかでも難解で、誰も解きえないことを選んで質問する。たとえば、日本書紀の斉明《さいめい》紀にある童謡、万葉集では巻一の『莫囂円隣云々』と書いてある歌などの類である。こういった難解な問題をまず明らかにしたいと思うのも、物学ぶ人のだれしも望むところだけれども、では、易しいことについてはすでに明らかにして知っているかと尋ねると、しごく簡単なことをさえ、いまだよくもわかっていない。そういった者が、難解な問題から明らかにしようというのは、すこぶる無意味なことである。よくわかっていると思って気にもとめないことに、じつは思いがけない考え違いの多いことがある。まず簡単な問題を幾度も考えて、明らかにして身につけたあとにこそ、難しい問題にとりかからなければならない」。

【口語訳】

文意の解しがたいところを、はじめからひとつひとつ解きあかそうとすると、滞って先にすすまないことがある。そんなときは、不明なところはそのままにしておいて、先にすすめばいい。

難解なことをまず知ろうとするのは、たいへんよくない。平易なところにこそ心をつけて、ふかく味わうことをしなくてはならない。わかりきったことだと思っていい加減に見過ごせば、微妙な意味が感得できず、さらに間違って解釈していても、その誤りにいつまでも気がつかないものである。

其末の事

(タ)其末の事は、一々さとし教ふるに及ばず。

此こころをふと思ひよりてよめる歌、筆のついでに、「とる手火《たひ》も今はなにせむ夜は明けてほがらほがらと道見えゆくを」。

【口語訳】

このこころばえを思って詠んだ歌、「手にもつ火もいまでは用はない。夜は明けてあかるくなって、道もはっきり見えるようになったのだから」。

広くも見るべく

(レ)広くも見るべく、又云々。

博識とかいひて、随分ひろく見るもよろしきことなれども、さては緊要の書《ふみ》を見ることのおのづからおろそかになる物なれば、あながちに広きをよきこととのみもすべからず。その同じ力を、緊要の書に用ふるもよろしかるべし。又、これかれにひろく心を分くるは、たがひに相たすくることもあり、又たがひに害となることもあり。これらの子細をよくはからふべき也。

【口語訳】

博識とかいって、視野をひろくするのもいいことではあるが、そうすると、とかく緊要の書を見ることがおろそかになる。あながちに広いことがいいとは言えない。そのおなじ力を、緊要の書にそそぐことも必要だ。かれこれ広く心をくばることは、ためにもなれば、かえって害にもなる。そこをよくわきまえなければならない。

五十音のとりさばき

(ソ)五十音のとりさばき云々。

これはいはゆる仮字反《かながへし》の法、音の竪横《たてよこ》の通用の事、言《ことば》の延《のべ》・つづめの例などにつきて、古語《ふること》を解き明らむるに要用のこと也。かならずはじめより心がくべし。仮字《かな》づかひは、古《いにしへ》のをいふ。近世風の歌よみのかなづかひは、中昔《なかむかし》よりの事にて、古書《ふるきふみ》にあはず。

【注釈】

仮字反の法　契沖《けいちゅう》が『和字正濫抄《わじしょうらんしょう》』巻五でつかい、文雄《もんのう》がひろめた用語。その『和字大観抄《わじたいかんしょう》』巻上に、「かながえしと云う事ありて、五十文の図にて反《かえし》をするなり」と言って説明する。考え方じたいは、すでに中世からおこなわれていた。「反《かえし》」とは、漢字音をあらわすときの「反切《はんせつ》」のこと。「東」の音を「都籠反（または切）」とするたぐいで、一字の音を説明するのに別の二字の子音と母音を組み合わせる。仮字反《かながえし》の考え方は、この「反切」の方法を導入したものであり、たとえば、「ふもだし（humodasi）」→「ほだし（hodasi）」（絆）の音韻変化を説明するのに、「ほ」は「ふも」の反《かえし》という。二音のうちの前の母音と後の子音が脱落したと考える。ちなみに、文雄は五十音図を「仮名反の図」と呼ぶ。反切も五十音も、その考え方は悉曇学《しったんがく》（古代インド語学）の影響をうけているといわれるが、契沖・文雄ともに当時の悉曇学の大家であった。

音の竪横の通用　音韻変化を説明するときの概念。「竪横」とは五十音図《ごじゅうおんず》の行と段のことであり、同行・同段のあいだでは音が通用すると説く。たとえば、「をみなへし」と「をみなめし」、「ますみ」と「まそみ」のような現象である。「同韻相通《どういんそうつう》」「五音相通《ごいんそうつう》」などと呼ばれて、これも中世から唱えられていた語学説で、江戸時代に受け継がれた。『釈日本紀《しゃくにほんぎ》』巻六「古は須《す》と曾《そ》と音通用す。故に、或いは麻須美《ますみ》と云い麻曾美《まそみ》と云う、譬えば猶、素戔嗚尊之処《そ》、曾と須と相通ずるがごとき也」。文雄の『和字大観抄』にも詳しい。

言の延・つづめ　「延《のべ》」と「約《つづめ》」。さきの反切に似ているが、真淵『語意考』によれば、「わが国には、二言を約めて一言とし、一言を延べて二言にいうことあれば、かえしとのみいいてはたらわざる也」といい、約言《つづめことば》は「その言長くしていいつづけ難き時に約めいい」、延言《のべことば》は「言短くして其言ついでのわろき時延べていう」とする。「行くちふ」は「行くといふ」の「とい」が約まったもの、「うつろふ」は「うつる」が延べたもの。これらの「五十音のとりさばき」はいずれも、古学では、古語における通則と認められており、語釈・語源の説明に応用された。

古語を解き明らむるに要用のこと也　村田春海『五十音弁誤《ごじゅうおんべんご》』「古言《ふること》のこころをとくに、五十音《いそのこえ》によりていうことは、はやくより有りし事にて、顕昭《けんしょう》法師・仙覚《せんがく》律師なども、おおくこれによりて古言を注せし事あり。近き世にいたりて、難波《なにわ》の契沖阿闍梨《けいちゅうあざり》、稲荷山《いなりやま》の荷田宿禰《かだのすくね》、吾師県居《あがたい》の翁など、皆この五十音をもて古言をとくたよりとぞなしたる」。『にひまなび』「古言は必ず考えて解くべきなれど、是をとくこと甚だかたし。先ず、五十音をよく知るべし」。

仮字づかひは、古のをいふ　「古のをいふ」とは、契沖仮名遣のこと。だが、宣長二十代の著述である『あしわけ小船』で「仮名遣のこと、中古以来用い来るとおりを守るべし。日本紀・万葉などとは違いたることも多けれども、万葉などの通りにしては、今みれば異様に思わるる仮名多し。黄門（定家）の仮名遣、今の世の仮名に用い証としてよし。惣体、仮名遣は随分吟味して誤りなきようにすべし」と言うように、わかいころの宣長は定家《ていか》仮名遣の信奉者であった。拙著『かなづかい入門――歴史的仮名遣vs現代仮名遣』（平凡社新書）参照。

近世風の歌よみのかなづかひ　「近世風の歌よみ」は、堂上派の歌人をさす。堂上派は、中世の定家《ていか》や為家《ためいえ》・頓阿《とんな》・三条西実隆《さんじょうにしさねたか》の流れをくむ。したがって、とうぜん古学者たちの仮名遣には与《くみ》しない。

【口語訳】

これはいわゆる仮字反の法、竪横の通用、延・約などのことで、古語を解明するのには、ぜひとも必要なことである。かならずまず心掛けなければならない。仮名遣は古代のそれをいうのである。近世風の歌詠みがよりどころとする仮名遣は中世以後のものであって、それ以前の古い文献とはあわない。

語釈は緊要にあらず

(ツ)語釈は緊要にあらず。

語釈とは、もろもろの言《ことば》の、然《しか》云ふ本《もと》の意《こころ》を考へて釈《と》くをいふ。たとへば天《あめ》といふはいかなること、地《つち》といふはいかなることと釈くたぐひ也。こは、学者のたれもまづしらまほしがることとなれども、これにさのみ深く心をもちふべきにはあらず。こは大かたよき考へは出来がたきものにて、まづはいかなることともしりがたきわざなるが、しひてしらでも事かくことなく、しりてもさのみ益なし。

されば、諸《もろもろ》の言は、その然《しか》云ふ本《もと》の意を考へんよりは、古人《いにしへびと》の用ひたる所をよく考へて、云々《しかじか》の言は云々の意に用ひたりといふことをよく明らめ知るを要とすべし。言の用ひたる意をしらでは、其所の文意聞えがたく、又みづから物を書くにも、言の用ひやうたがふこと也。

然るを、今の世、古学《いにしへまなび》の輩《ともがら》、ひたすら然云ふ本の意をしらんことをのみ心がけて、用ふる意をばなほざりにする故に、書《ふみ》をも解し誤り、みづからの歌文も、言《ことば》の意用ひざまたがひて、あらぬひがこと多きぞかし。

【注釈】
語釈とは、もろもろの言の、然云ふ本の意を考へて釈くをいふ　語源を追究すること。**こは、学者のたれもまづしらまほしがることなれども**　いわゆる語源研究は、言葉に関心のある人にとって魅力的である。ふるく風土記などにある地名起源説話は、それをしめす好例。語源をさぐることは言語学の究極の目標だという人もいるが、おおく文献以前に足を踏み入れるため、結局のところ、万人を納得させる解釈に到らないことのほうが多い。空はなぜソラなのかといった議論は、おそらく解決することはないであろう。そこに思い付きの語源説が生まれる素地があり、江戸時代の語源説の多くは、ねずみをこのむからネコ（猫）だとか、ちょっと着るからチョッキだという類である。
古人の用ひたる所をよく考へて　文意（内容）を理解するためには、ことばを文脈に即して解釈しなければならないということ。↓【余録】
今の世、古学の輩、ひたすら然云ふ本の意をしらんことをのみ心がけて　古学者がそういう傾向に陥りやすいことについては、拙稿「学者の古典　歌人の古典」（『江戸時代学芸史論考』所収）参照。

【口語訳】

語釈とは、いろいろの言葉のもとの意味を考えて解釈することである。たとえば「天（アメ）」とはどういう意味、「地（ツチ）」とはどういうこと、というふうに解釈するたぐいである。これは学者のだれもが知りたがることではあるが、これにあまり深入りしてはいけない。なぜなら、こんなことばかりやっているといい考えは出にくいものだからである。そもそも解明しがたいことであって、また知らなくてもこと欠くことはないし、知っていたからといって役にたつものでもない。

したがって、言葉は、その語源を探ろうとするよりは、古人の用いざまをよく考えて、どういう意味でつかっているかということを明らかにしてゆくのが肝腎なのである。それを知らないでは、そこの文意は理解できないし、またみずからものを書くときにも、ことばのつかい方を間違うものなのだ。

ところが、いまの古学者たちは、ひたすら語源を追究しようとするだけで、用いられてある意味についてはあまり力をいれない。それゆえ、古典の解釈も誤り、みずからの歌文でも、ことばのつかい方をまちがえて、へんてこな表現になってしまうのである。

【余録】

『玉勝間《たまかつま》』巻八「言の然いふ本の意をしらまほしくする事」に言う。

――物学びする人たちは、古言の本来の意味を知ろうとして、人にもまずそのことを問うのが普通である。

古言の本来の意味とは、たとえば、「天」というのはいかなる意味か、「地」というのはいかなる意味か、といったたぐいである。これも学問の一つであって、それもあっていいことだけれども、学問の本道とすべきことではない。概して古言は、本来の意味を知ろうとするよりは、古人の用いたその意味を明らかに知るべきなのだ。古人の用いた意味さえ明らかになれば、その語の本来の意味は、知らなくてもいい。

そもそも万事、まずその本《もと》をよく明らかにして、末を後にすべきなのは勿論だけれども、すべてそうとばかりもいえない。ものごとによっては、末よりまず始めて、のちに本へ遡るべきこともあるものだ。だいたい言葉の本来の意味は知り難いことがおおく、自分で解明できたと思っても、それが当たっているのかいないのか、定めがたく、はっきりしないことが多い。であるから、言葉の学問は、その本来の意味を知ることはあとまわしにして、くりかえし、古人のつかった意味に注意して明らかにすべきである。

たとえそのもとの意味は明らかにしたとしても、どういった使い方をしたかということを知らないでは、何の意味もなく、自分の歌文に用いても間違ってしまう。今の代の古学者たちは、古い言葉といえば、まず本来の意味を知ろうとばかりして、それをどう用いたかを考えようとしない。だから、自分が使うときに、ひどい誤りが多くなってくる。

言葉というものはすべて、本来の意味つまり語源と実際につかわれる意味とは等しくないのが普通だ。たとえば、「なかなかに」ということばは、語源としては、あちらにもこちらにも属さない中間という意味であるが、実際に用いられるとただ「なまじっかに」という意味、また時代がうつると「かえって」という意味にも使われる。それを、本来の意味だというので通り一遍に中間という意味でつかったのでは、間違っている。また、「こころぐるし」ということばは、今の俗語では気の毒という意味だが、ことばのままに、心が苦しいことにつかっては、間違いである。であるから、ほかのことばについても、いにしえにどういう使われ方をしていたかを、まず先に明らかにすべきである。語源ばかりを考えていたのでは、かえっていにしえと異なることが多くなるものである。

からぶみ

(ネ)からぶみをもまじへよむべし。

漢籍《からぶみ》を見るも、学問のために益おほし。やまと魂《たましひ》だによく堅固《かた》まりて、動くことなければ、昼夜からぶみをのみよむといへども、かれに惑はさるるうれひはなきなり。

然れども、世の人、とかく倭魂《やまとたましひ》かたまりにくき物にて、から書《ぶみ》をよめば、そのことよきにまどはされて、たぢろきやすきならひ也。ことよきとは、その文辞《ふみことば》を麗《うるは》しといふにはあらず。詞《ことば》の巧みにして、人の思ひつきやすく、まどはされやすきさまなるをいふ也。すべてから書は、言巧《ことばたく》みにして、ものの理非をかしこくいひまはしたれば、人のよく思ひつく也。すべて学問すぢならぬよのつねの世俗の事にても、弁舌よくかしこく物をいひまはす人の言には、人のなびきやすき物なるが、漢籍《からぶみ》もさやうなるものと心得居るべし。

【注釈】
漢籍を見るも、学問のために益おほし　『玉勝間』巻一「もろこし文をもよむべき事」も同趣旨の文である。↓【余録】
詞の巧みにして、人の思ひつきやすく、まどはされやすきさまなるをいふ也　『玉勝間』巻一四「から人の語かしこくいひとれること」に、「むかしより、世々にもろこし人のいえる名だかき語どもをおもうに、ただかしこく物にたとえもし、又ただにても、おかしくいいとれるのみにこそあれ、そのこころは、学文《がくもん》もせぬつねの人も、心かしこきは、大かたみなもとよりよく心得たる事にて、さしもこころに及ばずめずらしき事はなし。されど、よくいいとれるがかしこさに、げにさこそはあれと、みな人は感ずるなり」とある。

【口語訳】

漢籍を読むのも、学問のためには有益である。大和魂さえ堅固にしてふらふらしないならば、つねに漢文に親しんでいても、それに惑わされるという心配はない。

しかし、普通の人はとかく大和魂がかたまりにくいので、漢籍を読むと、ことばの巧みなのに惑わされて、たじろぎやすくなる。このことばの巧みさとは、文章が麗しいということではない。表現が巧妙で、人が飛びつきやすく、惑わされやすいことをいうのだ。漢文はことば巧みで、ものごとを理屈で論じ、さかしらに議論するので、人はすぐ飛びついてしまう。学問以外の実生活のなかでも、弁舌さわやかで理路のとおった人の言うことには、人はなびきやすいものである。漢籍もそのようなものと心得よ。

【余録】

『玉勝間』巻一「もろこし文をもよむべき事」

――漢籍をも、時間のゆとりがあれば、熱心に読むのがいい。漢籍も読まなければ、その外国の風儀のよくないことも知ることができない。また、古い書物はみな漢文で書かれているので、かの国ぶりの文も知らないでは、学問にもはかが行きにくいからである。かの国の風儀の、よろずによくないことを悟って、大和魂さえ堅固にしてうごかないならば、夜も昼も漢籍を読んでも、心が迷うことはない。

しかしながら、漢国の風儀として、人の心はさかしく、なにごとにつけても理をつくしてこまかく論じ、あたかも正義のごとくに説きなせるゆえ、それを読むと、賢明な人もおのずから心うつりをして惑いやすくなる。それは人の習いなので、漢籍を読むには、つねにこのことを忘れてはいけない。

古書の注釈

（ナ）古書の注釈を作らんと云々。

書《ふみ》をよむに、ただ何となくてよむときは、いかほど委しく見んと思ひても限りあるものなるに、みづから物の注釈をもせんとこころがけて見るときには、何《いづ》れの書にても、格別に心のとまりて、見やうのくはしくなる物にて、それにつきて又外にも得る事の多きもの也。されば、其心ざしたるすぢ、たとひ成就はせずといへども、すべて学問に大きに益あること也。是は物の注釈のみにもかぎらず。何事にもせよ、著述をこころがくべき也。

【口語訳】

書物を読むのに、ただなんとなく読むときは、どんなに詳しく読もうと思っても、限りがある。自分で注釈をしようと心掛けて読むと、どんなものでも意識して気にとめるから、読み方が精密になる。また関連してほかに得ることも多い。したがって、注釈は、それが完成しなくとも、学問にとって大いに有益なのである。これは注釈に限ったことではない。なにごとにせよ、著述を心掛けねばならない。

万葉集

(ラ)万葉集をよくまなぶべし。

此書《ふみ》は歌の集なるに、二典《ふたみふみ》の次に挙げて、道《みち》をしるに甚だ益ありといふは、心得ぬことに人おもふらめども、わが師大人《しうし》の古学《いにしへまなび》のをしへ、専《もは》らここにあり。其説に、「古の道をしらんとならば、まづいにしへの歌を学びて、古風《いにしへぶり》の歌をよみ、次に古の文を学びて、古ぶりの文をつくりて、古言《ふること》をよく知りて、古事記・日本紀をよくよむべし。古言をしらでは、古意《ふるきこころ》はしられず、古意をしらでは、古の道は知りがたかるべし」といふこころばへをつねづねいひて教へられたる、此教へ迂遠《まはりどほ》きやうなれども、然《しか》らず。

その故は、まづ大かた人は、言《ことば》と事《わざ》と心《こころ》と、そのさま大抵相かなひて、似たる物にて、たとへば心のかしこき人は、いふ言《ことば》のさまもなす事《わざ》のさまも、それに応じてかしこく、心《こころ》のつたなき人は、いふ言《ことば》のさまもなすわざのさまも、それに応じてつたなきもの也。又、男は、思ふ心もいふ言もなす事《わざ》も、男のさまあり。女は、おもふ心もいふ言もなす事も、女のさまあり。されば、時代時代の差別も又これらのごとくにて、心も言も事も、上代《かみつよ》の人は上代のさま、中古《なかむかし》の人は中古のさま、後世《のちのよ》の人は後世のさま有りて、おのおのそのいへる言となせる事と思へる心と、相かなひて似たる物なるを、今の世に在りて、その上代の人の言をも事をも心をも考へしらんとするに、そのいへりし言は歌《うた》に伝はり、なせりし事《わざ》は史《ふみ》に伝はれるを、その史も言を以て記したれば、言の外ならず。心のさまも又、歌にて知るべし。言と事と心とは其さま相かなへるものなれば、後世にして、古《いにしへ》の人の思へる心、なせる事《わざ》をしりて、その世の有りさまをまさしくしるべきことは、古言・古歌にある也。

【注釈】

此書は歌の集なるに、二典の次に挙げて　『玉勝間《たまかつま》』巻二「神典のときざま」に、神道家が漢意《からごころ》におちいるのは、『万葉集』を見ずに古意・古言を知らないからであると言う。

わが師大人の古学のをしへ、専らここにあり　『にひまなび』「後世の人、万葉は歌也、歌はおみなのもてあそぶ戯れの事ぞとおもい誤れるままに、古歌をこころえず、古書をしらず、なまじいにから文を見て、ここの神代の事をいわんとするさかしら人多し。よりてそのいう事、虚理にして、皇朝《みくに》の古の道にかなえるは、惣《すべ》てなし」。

古の道をしらんとならば、まづいにしへの歌を学びて 『玉勝間』巻二「あがたゐのうしの御さとし言」に、真淵の言として、「まずからごころを清くはなれて、古のまことの意をたずねえずはあるべからず。然るに、そのいにしえのこころをえむことは、古言を得たるうえならではあたわず」とある。『龍公美《りゅうきみよし》賀茂真淵問ひ答へ』「万葉を常に見て、歌も古の手ぶりによみ給わば、自然に古人の心と語の様しり給わん。その時にいささか考え給わば、古語の釈は出来べし。迂遠なるが如くなれど、とかくに万葉をよく見給えかし。さなくては、理にのみ落ちて、古えの意にいたらぬ也」。

此教へ迂遠きやうなれども、然らず 以下、「『これ（万葉集）を第一に学べ』とは師も教へられたる也」までの筋道を述べる。

大かた人は、言と事と心と、そのさま大抵相かなひて、似たる物にて 『古事記伝』巻一「古記典等総論」に、「抑も意《こころ》と事《わざ》と言《こと》とは、みな相称える物にして、上つ代は意も事も言も上つ代、後の代は意も事も言も後の代、……此記（古事記）は、いささかもさかしらを加えずて、古《いにしえ》より云い伝えたるままに記されたれば、その意も事も言も相称いて皆上つ代の実《まこと》なり。是、もはら古の語言を主としたるが故ぞかし。すべて意も事も、言を以て伝うるものなれば、書はその記せる言辞《ことば》ぞ主には有りける」と。

【口語訳】

この書は歌の集であるのに、記・紀の次にあげて道を知るに有益だなどというと、きっと不審に思うだろう。だが、真淵先生の古学の教えは、もっぱらここにある。その訳に、「古の道を知ろうとするならば、まず古の歌を学んで、古風《いにしえぶり》の歌を詠み、つぎに古の文を学んで、古風の文をつくり、古言をよく知って、記・紀をよく読むべし。古言を知らなくては古意は知られず、古意を知らないでは古の道は知りがたいものである」と言い、その心得をいつも語って教えた。この教えは、ずいぶん迂遠《うえん》なようだが、そうではない。

なぜなら、まず人というものは、言（コトバ）と事（ワザ）と心（ココロ）と、たがいに相応して、よく似ているものなのだ。たとえば心《こころ》のかしこい人は、言《ことば》のさまもなす事《わざ》のさまもそれに応じてかしこく、心のつたない人は、言のさまもなす事のさまも、それに応じてつたないものである。また、男は、思う心もいう言もなす事も、男のさまである。女は、思う心もいう言もなす事も、女のさまである。だから、時代時代の差もまたこれらと同様であって、心も言も事も、上代の人は上代のさま、中古の人は中古のさま、後世の人は後世のさまがある。おのおのその言う言となす事と思う心と、相叶って似たものである。それを、現在の世にあって、その上代の人の言をも事をも心をも考え知ろうとするとき、上代の人がいった言は歌に伝わって、なす事は歴史に伝わるが、その歴史も言をもって記しているのだから、言にほかならない。心のさまも、また歌によって知ることができる。言と事と心とは、そのさまが相関わっているのだから、後世において古の人の思う心、なせる事を知ってその時代のありさまを正しく知るためには、古言・古歌にもとめるべきなのである。

万葉集（その2）

さて、古《いにしへ》の道は、二典《ふたみふみ》の神代《かみよ》・上代《かみつよ》の事跡のうへに備はりたれば、古言・古歌をよく得てこれを見るときは、其道の意《こころ》、おのづから明らかなり。さるによりて、上にも、初学《うひまなび》のともがらまづ神代正語《かみよのまさごと》をよくよみて、古語《ふること》のやうを口なれしれとはいへるぞかし。

古事記は古伝説のままに記されてはあれども、なほ漢文《からぶみ》なれば、正《まさ》しく古言をしるべきことは万葉には及ばず。書紀は殊に漢文のかざり多ければ、さら也。

さて、二典に載れる歌どもは、上古のなれば、殊に古言・古意をしるべき第一の至宝也。然れども、その数多からざれば、ひろく考ふるにことたらざるを、万葉は歌数いと多ければ、古言はをさをさもれたるなく伝はりたる故に、「これを第一に学べ」とは師も教へられたる也。すべて神の道は、儒仏などの道の善悪是非《よさあしさ》をこちたくさだせるやうなる理窟は露ばかりもなく、ただゆたかにおほらかに雅《みやび》たる物にて、歌のおもむきぞ、よくこれにかなへりける。
さて、此万葉集をよむに、今の本、誤字いと多く、訓もわろきことおほし。初学のともがら、そのこころえ有るべし。

【注釈】

二典に載れる歌どもは、上古のなれば　「記紀歌謡《ききかよう》」という。『古事記』には一一〇首余、『日本書紀』には約一三〇首ある（概数なのは歌謡の数え方によるから）。両書に重複するものが約五〇首。記紀から歌謡のみを取りだしたり注釈したりすることは、すでに中世にもあったが（顕昭《けんしょう》の『日本紀歌注』など）、江戸時代になってさかんになった。契沖《けいちゅう》『厚顔抄《こうがんしょう》』、賀茂真淵『古事記和歌略註』『日本紀和歌略註』、荒木田久老《あらきだひさおい》『日本紀歌解槻乃落葉《にほんぎかかいつきのおちば》』、橘守部《たちばなもりべ》『稜威言別《いつのことわき》』などがある。宣長が言うように、その語彙の少なさから、上代語の資料としては限界がある。真淵門の林諸鳥《はやしもろとり》に『紀記歌集』がある。

万葉は歌数いと多ければ、古言はをさをさもれたるなく伝はりたる故に　上代語のもっともまとまった資料が『万葉集《まんようしゅう》』。歌数約四五〇〇首。ただし、言語資料として問題がないではない。その大きなものとしては、韻文に限られているということ。宣長も言うように、歌が「おもうままにただにいい出ずる物」でないとするならば、『万葉集』は「ただにいい出ずる」言葉（生活言語）の資料としては不十分である。たとえば、歌には敬語表現が入りにくい。歌のなかの僅少の例と題詞や左注などの変体漢文によって類推するしかなく、その実態をしめす確例は、後世の仮名文献のように豊富ではない。そこから、上代には敬語表現が未発達だったのだという説と、いや文献に残っていないだけだという見方があって、これは結論のでない議論である。

「これを第一に学べ」とは師も教へられたる也　「その故は、まづ大かた人は云々」以下の結論になる。

儒仏などの道の善悪是非をこちたくさだせるやうなる理窟　『玉勝間《たまかつま》』巻一「からごころ」に、「大かた世の人の、万の事の善悪是非《よさあしさ》を論《あげつら》い、物の理をさだめいうたぐい、すべてみな漢籍の趣なるをいう也」とある。

此万葉集をよむに、今の本、誤字いと多く、訓もわろきことおほし　宣長の時代に流布していた『万葉集』版本は、寛永版と宝永版である。古学者たちは、その版本に書入れしながら、それぞれが校本を作成していた。その一斑は拙稿「覚書 長瀬真幸伝」（『江戸時代学芸史論考』所収）に紹介した。宣長も校本をつくっており、『万葉集諸説』という書名で門人間に写された（笹月清美「『万葉集諸説』に就いて」『本居宣長の研究』所収）。↓【余録】

【口語訳】

さて、古の道は、記・紀二典の神代や上代の事跡のうえに備わっているので、古言・古歌をよく会得してこれらの事跡を見れば、その道の意がおのずから明らかになる。であるから、さきにも、初学者はまず『神代正語』をよく読んで、古語のさまに馴れるようにと言ったのである。

『古事記』は古伝説のままに記されてはいるけれども、なお漢文なので、正しく古言を知るためには、万葉には及ばない。『日本書紀』は漢文風の装飾が多いので、なおさらである。

さて、記・紀に載る歌は、上古のものであるので、ことに古言・古意を知るための第一の至宝である。しかしながら、その数が多くないので、ひろく考えるには不足である。それにひきかえ、『万葉集』は、歌数がたいへんおおいので、古言は漏れなく伝わっている。それゆえ、「これを第一に学べ」と師も教えられた。神の道というものは、儒・仏などの道のように善悪是非をうるさく議論するような理屈っぽいことは、まったくない。ただゆたかでおおらかで優雅なものであって、歌の趣こそこれにかなっているのだ。

ところで、この『万葉集』を読むうえでは、今の本は誤字が多く、訓も不適切なのが多い。初学者はそこに注意しなければならない。

【余録】

『玉勝間』巻一一「万葉集をよむこころばへ」

――『万葉集』の現行の本は、文字の誤りが多い。これは、近き時代のことではなく、かなりはやくからずっと誤り来たものと思われる。

しかるに、近年、古学が興って、熱心にこの『万葉集』を研究する学者が多くなったので、しだいに研究の質が向上して、文字の誤りも徐々に訂正されてきた。といっても、まだ不明なものは多い。そのことに留意して読まねばならない。不自然なところなどは、たいてい誤字であることがおおい。

さてまた、訓の誤りも大変おおい。というのは、この集ははじめ訓がなかった。すこしのちに初めて訓をつけたのだが、その訓は稚拙であって間違いがおおく、とても使用に堪えなかった。それでも、中むかしまではそのままであったが、仙覚という法師が苦心して訓をおおく改めた。現行の本はこの仙覚の訓で、それ以前のに比べれば、すばらしく優れているとはいっても、なお不十分なことも多かったのだが、近代になって契沖法師がそれを改めて、さらに優れた訓になったのである。

しかしながら、誤字であることを知らずに、その元の字のままで読んだりして、いささか無理な読み方もおおい。そのほかすべての読み方も、なお十分でないことがあったが、その後また、この集の研究が詳細になって、訓も訂正されてきたけれども、なおいまだ完璧とはいえない。

まず誤字をことごとく知らなければ、訓も正確には直しがたい。誤字のまだ多いのに、その誤字のままに読もうとすれば、かえってこじつけに陥ってしまう。それをよく心得なければならない。また、すべてにわたって読み方、仮名書きのところをよく検討して、その例にならって読むべきである。

これらのことはすべて、この集を読むについては、しかと心得るべきことである。

古風の歌をまなびてよむべし

(ム)みづからも古風の歌をまなびてよむべし。

　すべて万《よろづ》の事、他《ひと》のうへにて思ふとみづからの事にて思ふとは、浅深の異なるものにて、他のうへの事は、いかほど深く思ふやうにても、みづからの事ほどふかくはしまぬ物なり。歌もさやうにて、古歌をばいかほど深く考へても、他のうへの事なれば、なほ深くいたらぬところあるを、みづからよむになりては、我事《わがこと》なる故に、心を用ふること格別にて、深き意味をしること也。さればこそ、師も「みづから古風《いにしへぶり》の歌をよみ、古ぶりの文《ふみ》をつくれ」とは教へられたるなれ。

　文の事は、古文は、延喜式《えんぎしき》八の巻なる諸《もろもろ》の祝詞《のりと》、続紀《しょくき》の御世御世《みよみよ》の宣命《みことのり》など、古《ふる》語《こと》のままにのこれる文也。二典《ふたみふみ》の中にも、をりをりは古語のままなる文有り。其外の古書共にも、をりをりは古文まじれることあり。これかれをとりてのりとすべし。万葉は歌にて、歌と文とは詞《ことば》の異なることなどあれども、歌と文との詞づかひのけぢめをよくわきまへえらびてとらば、歌の詞も、多くは文にも用ふべきものなれば、古文を作る学びにも、万葉はよく学ばでかなはぬ書《ふみ》也。なほ、文をつくるべき学びかた、心得なども、古体・近体、世々のさまなど、くさぐさいふべき事多くあれども、さのみはここにつくしがたし。大抵歌に准《なずら》へても心得べし。そのうち文にはいろいろのしなあることにて、其品によりて、詞のつかひやう其の外すべての書きやう、かはれること多ければ、其心得有るべし。いろいろのしなとは、序、或は論、或は紀事、或は消息など也。

さて、後世《のちのよ》になりて、万葉ぶりの歌をたててよめる人は、ただ鎌倉右大臣殿《かまくらのうだいじんどの》のみにして、外には聞えざりしを、吾師大人《わがしのうし》のよみそめ給ひしより、世によむ人おほく出来たるを、其人どもの心ざすところ、必ずしも古《いにしへ》の道《みち》を明《あき》らめんためによむにはあらず。おほくはただ歌を好みもてあそぶのみにして、其教へによりて、その心ざしは、近世風の歌よみの輩《ともがら》と同じこと也。されば、よき歌をよみ出でむと心がくることも、近世風の歌人とかはる事なし。

【注釈】

「みづから古風の歌をよみ、古ぶりの文をつくれ」 『にひまなび』「先ず古えの歌を学びて、古え風の歌をよみ、次に古の文を学びて古風の文をつらね、……」。

古文は、延喜式八の巻なる諸の祝詞、続紀の御世御世の宣命など 『にひまなび』「古事記・日本紀をよみ、続日本紀の宣命、延喜式の祝詞の巻などをよく見ば、歌のみかは、おのずから古きさまの文をもつづらるべき也」。

二典の中にも、をりをりは古語のままなる文有り　たとえば、『古事記』巻上の「久羅下那州多陀用弊流時（クラゲナスタダヨヘル時）」のような本文。

歌と文とは詞の異なることなどあれども　宣長は、基本的には、歌のことばと文のことばとは区別があるとする。その著『玉あられ』で、「同じき雅言《みやびごと》の中にも、文章に用いて、歌にはよむまじきも多し」、「おおよそ同じき雅言の中にも、歌の詞と文の詞と差別あるがあるを、今の人は此差別なくして、歌の詞にして文にはつかうまじきを文につかうことおおし。心すべし」と言う。ただし、「文にはくさぐさのふり有りて、序など其ほかにも、或は枕詞をおきなどして、すべて歌のごと詞を花やかにしたつるようもあり。そはその文のふりによることと也。又なべてはさらぬ文の中にも、事によりては、一言二言歌詞をことさらにまじうるようのこともあり」と言っているように、文章に歌のことばが混じることについては寛容である。

序　一篇の最初において、その由来や意義などを述べたもの。もともと漢文の文体の一つであるが、和文についてもいう（「古今集仮名序」など）。

論　漢文の文体の一つ。自分の意見を主張し述べる文。

紀事　事実の経過を書き記した文章。

万葉ぶりの歌をたててよめる人は、ただ鎌倉右大臣殿のみにして　鎌倉幕府第三代将軍源実朝《さねとも》。

藤原定家に和歌を学び、家集に『金槐集《きんかいしゅう》』がある。実朝を万葉調歌人とする評価は真淵によってひろまった。「鎌倉右大臣家集のはじめにしるせる詞」(『賀茂翁家集』巻三所収)において、「凡そ後の人は、一種の節ある巧みあるにのみ心を寄せて、古の心高き歌を知る事なし。いかにも一節《ひとふし》云うべき所を、わざと節を捨て、直《ただ》に云い流されたるなど、似る物なく高し。又一つの巧みも節も無くて、続けなされたる詞どもの調の世に類いなきなども多し。此を見知らん事、万葉善く知りたらん人ぞ知るべき」と称賛し、『歌意考《かいこう》』『にひまなび』でもしばしば持ち上げる。さらに近代では、アララギ派によって喧伝された。

吾師大人のよみそめ給ひしより、其教へによりて　村田春海《むらたはるみ》『歌がたり』「県居の翁の世に初めて古ぶりの歌をとうとめるより、今は其教えによらぬ人も、心さかしき際の人は、後の世の歌の卑しげなる事をしりて、やや古をしたい、古ぶりの歌をまねぶ人も、此彼出で来にけるは、まことに翁の言いさきだてて、人の心を誘える功になむ有りける」。

近世風の歌よみの輩　堂上派の歌人たちをさす。

【口語訳】

すべてものごとというものは、他人の身の上のこととして考えるのと、自分自身のこととして考えるのとでは、浅い深いの差がでてくるものだ。他人のことなら、どんなに深く思っているようでも、自分のことほどには深刻にはならない。歌もそうであって、古歌をどんなに深く考えても、よそごとであるから、どうしても深くは至らないところがある。しかし、みずから詠むとなると、わがことであるので、心を尽くして取り組み、それでもって深い意味を知ることとなる。さればこそ、真淵先生も、「みずから古風の歌をよみ、古風の文をつくれ」と教えたのである。

文については、古文は『延喜式』巻八の祝詞、『続日本紀』の代々の宣命などが古語のままにのこっている文である。記・紀のなかにも、ところどころに古語のままの文がある。そのほかの古文献にも、おりおりは古文がまじっていることがある。それらを参照して模範とすべきである。『万葉集』は歌集であって、歌と文とでは、ことばの異なることがある。しかし、歌と文とのことば遣いのけじめをわきまえれば、歌のことばも多くは文にも使用できるので、古文を作るための学習にも、『万葉集』は必須の古典である。なお、文の学び方や心得なども、古体・近体、時代のさまなど、いろいろ言いたいことがあるが、ここでは尽くしがたい。おおよそ歌に準じて心得ればいい。そのうち、文にはいろいろの種類があって、それによってことばの遣い方、そのほかすべての書き方も変わることもあるので、その心得がなければならない。いろいろの種類とは、序・論・紀事・消息などのことである。

さて、後世になって、万葉風の歌をこのんで詠んだ人は、ただ鎌倉右大臣殿（源実朝）のみであって、ほかには聞くところがない。わが真淵先生が詠みはじめてから、その教えによって、世に万葉風を詠む人が多くなった。しかし、その人たちの志すところは、かならずしも古の道を明らかにするために詠むのではない。おおくはただ歌を好んで弄ぶだけであって、その志は近世風の歌詠みとおなじである。だから、よい歌を詠もうと心掛けることも、

古風の歌をまなびてよむべし（その2）

それにつきては、道のために学ぶすぢをば姑《しばら》くおきて、今は又ただ歌のうへにつきての心得どもをいはんとす。

そもそも歌は、思ふ心をいひのぶるわざといふうちに、よのつねの言《ことば》とはかはりて、必ず詞《ことば》にあやをなして、しらべをうるはしくととのふる道なり。これ、神代《かみよ》のはじめより然り。詞のしらべにかかはらず、ただ思ふままにいひ出づるは、つねの詞にして、歌といふものにはあらず。

さて、その詞《ことば》のあやにつきて、よき歌とあしき歌とのけぢめあるを、上代《かみつよ》の人は、ただ一《ひと》わたり、歌の定まりのしらべをととのへてよめるのみにして、後世の人のやうに、思ひめぐらしてよくよまんとかまへ、たくみてよめることはなかりし也。然れども、その出来たるうへにては、おのづからよく出来たるとよからざるとが有りて、その中にすぐれてよく出来たる歌は、世間《よのなか》にもうたひつたへて、後世《のちのよ》までものこりて、二典《ふたみふみ》に載れる歌どもなど、是也。されば、二典なる歌は、みな上代の歌の中にも、よにすぐれたるかぎりと知るべし。古事記には、ただ歌をのせんためのみに其事《わざ》を記されたるもこれかれ見えたるは、その歌のすぐれたるが故なり。

さて、かくのごとく、歌は上代よりしてよきとあしきと有りて、人のあはれときき神の感じ給ふも、よき歌にあること也。あしくては、人も神も感じ給ふことなし。神《かみ》代《よ》に天照大御神《あまてらすおほみかみ》の、天《あめ》の石屋《いはや》にさしこもり坐《ま》しし時、天児屋根命《あめのこやねのみこと》の祝詞《のりとごと》に感じ給ひしも、その辞《ことば》のめでたかりし故なること、神代紀《じんだいき》に見えたるがごとし。歌も准《なずら》へて知るべし。されば、やや世くだりては、かまへてよき歌をよまんともとむるやうになりぬるも、かならず然《しか》らではえあらぬ、おのづからの勢ひにて、万葉に載れるころの歌にいたりては、みなかまへてよくよまんと求めたる物にこそあれ。おのづからに出来たるは、いとすくなかるべし。万葉の歌すでに然るうへは、まして後世、今の世には、よくよまんとかまふること、何かはとがむべき。これおのづからの勢ひなれば、古風の歌をよまん人も、随分に詞をえらびて、うるはしくよろしくよむべき也。

【注釈】

そもそも歌は、思ふ心をいひのぶるわざといふうちに　『歌意考』「もとより歌は、人のこころをのぶるものにて」。以下の趣旨、各論（ノ）「後世風もすてずして」にも述べられる。

よのつねの言とはかかはりて、必ず詞にあやをなして　『石上私淑言《いそのかみのささめごと》』巻一「詞のほどよくととのい、文《あや》ありてうたわるる物は、みな歌なり。この中に古今雅俗のけじめはあれども、ことごとく歌にあらずということなし」。

これ、神代のはじめより然り　宣長の若いときからの持論。『あしわけ小船』「実情に文《あや》をなして云うが歌なり。然るときは、全く巧みなきにはあらず。上古なお然り。況んや万葉の頃の歌は、なおなお巧みはあるなり」、『石上私淑言』巻一「神代の歌もみなほどよくととのいて文《あや》あるなり」、同巻「歌という物は、人の聞きてあわれと思うところが大事なれば、その詞に文《あや》をなし、声ほどよく長めてうたうが、歌の本然にして、神代よりしかあることなり」、同巻三「もとより歌は詞をほどよくととのえ文《あや》なして、聞く人をあわれと思わする道なれば、いと上つ代といえどもなお巧みはありて、ただの詞とは異なり」。

詞のしらべにかかはらず、……歌といふものにはあらず　『石上私淑言』巻一「この理《ことわ》り（歌にはあやが必要だということ）をわきまえぬ人は、ただわが思うことを、よくも悪しくもありのままにいうこそ実《まこと》の歌なれ、人の聞くところにかかわるは真実《まこと》の歌にあらず、という。これ、ひとわたりはげにと聞ゆれども、歌という物の真《まこと》の義を知らぬなり」。

上代の人は、ただ一わたり、歌の定まりのしらべをととのへてよめる　『あしわけ小船』「上代古事記・日本紀の載する処の歌をみるに、その頃まではただ歌と云うものは、思う心を述ぶるまでのことにして、巧みてよく詠まむとするようのことはなし。されば、上手と云うこともなく、下手と云うこともなく、え詠まぬものもなく、みな思う心を種として自然に詠めるなり」。

おのづからよく出来たるとよからざるとが有りて　『あしわけ小船』に「神代の歌とても善きと悪しきとあるべし」と言い、『国歌《こっか》八論《はちろん》』にたいする宣長の評のなかに、「（歌の）優劣を論ずる事はなけれど、優劣はおのずからありて、その劣れるは後世につたわらず。後世につたわりて古事記・日本紀にのせたるは、みな上古の歌のすぐれたるもの也。さて、その中にも又勝劣はある也」と言う。

二典なる歌は、みな上代の歌の中にも、よにすぐれたるかぎりと　『古事記伝』巻一三「天若日《あめわかひ》子《こ》」の段の歌謡の注に次のように言う。「抑も此記・書紀などに載れる歌は、何れも上代の多くの歌の中にも、優れて美《めでた》きかぎりなれば、多くは楽府《がふ》にも取られて、管絃《ことふえ》にかけ、儛《まい》にもあわせて奏《うた》いし歌どもなり」。

歌は上代よりしてよきとあしきと有りて、人のあはれときき　『あしわけ小船』「天地《あめつち》を動かし、鬼神《おにがみ》を感ぜしむることは、情の深きと歌の善きとを以てなり。いかに情が深きとて、悲しかりけり悲しかりけりなどいいて、鬼神は感ずまじ。深切なる心情より出でて、その歌しかも美《よ》ければ、おのずから感応もあるべし」。

あしくては、人も神も感じ給ふことなし　『石上私淑言《いそのかみのささめごと》』巻三「さようならん（いと賤しくきたなき歌）は、たとい実《まこと》の情《こころ》よりよみ出でたりとも、よも神も人もあわれとは聞かじ」、同巻「心詞俗《いや》しくきたなきは、神も人もあわれと思わねば、いたずらごとなりと知るべし」。

神代に天照大御神の、天の石屋にさしこもり坐しし時　この話は『古事記』にも『日本書紀』にもある。ただし、『古事記』では、天照《あまてらす》大神《おおみかみ》が天宇受売命《あめのうずめのみこと》の踊りとそとの喧騒に誘われたとあって、「天児屋根命《あめのこやねのみこと》の祝詞に感じた」とは記されていない。天児屋根命の祝詞によって石《いわ》屋《や》から出てくるのは、『日本書紀』の記述である。一書第三に、天照大神のことばとして「このごろ人多《さわ》に請《もう》すと雖も、未だかくの若き言《ごと》の麗美《うるわ》しきは有らず」と言う。宣長がこの話の出典を「神代紀」としたのは、そのためである。

万葉に載れるころの歌にいたりては　『あしわけ小船』「万葉集の頃に至りては、はや真《まこと》の情《こころ》を詠むと巧みを本《もと》とすることと、大方半《なかば》になれるなり。さて、その巧みによく詠まむとすること、次第に長ずるゆえに、ついには歌道と云いて、一つの道になれるなり」。

【口語訳】

それについては、道のために学ぶ方面のことはしばらくおいて、いまはただ歌についての心得を言おう。

そもそも歌とは、思う心を言い述べる術のうちでも、日常のことばとはちがって、かならずことばに綾をなして、しらべを麗しくととのえる道具である。このことは神代のはじめからそうであった。ことばのしらべに無関心でただ思うままに言うのは、普通のことばであって、歌というものではない。

さて、そのことばの綾ということについて言えば、よい歌とわるい歌にはけじめがあるが、上代の人は、ただひととおりの歌の決まりのしらべを整えて詠んだ。後世の人のように思いめぐらして、うまく詠もうとかまえて巧んで詠むということはしなかった。しかし、できあがった作品は、おのずから出来のよしあしがあって、そのなかの優れた出来の歌がうたい継がれて後世に残った。記・紀に載る歌などがそれである。だから、記・紀に載る歌はみな、上代の歌のなかでもきわめて優れたものと考えるべきである。『古事記』には、ただ歌を載せるためだけに事跡を記しているところもまま見られる。それはその歌が優れているがゆえである。

このように、歌には、すでに上代からいいものとわるいものとがある。人が聞いて、ああいいなと思い、神が感心するのも、よい歌に限られるのである。よくない歌では、人も神も感動することはない。神代に、天照大神が天の石屋にお籠りなさったとき、天児屋根命の祝詞にお感じなさったのも、そのことばがすばらしかったからである。それは神代紀にあるとおりである。歌もそれに準じて考えればいい。だから、時代がくだって、構えてよい歌を詠もうと意識するようになるのも、そうならざるをえない自然のいきおいであって、『万葉集』に載っているころの歌にいたっては、みな構えてうまく詠もうとしたものである。自然にできたなどというのは少ない。万葉の歌がすでにそうであるのだから、まして後世や現代においては、うまく詠もうと構えることがどうして咎められようか。これは自然のいきおいなのだから、古風の歌を詠もうとする人も、よくよくことばを選んで、麗しく歌を詠まなければならない。

万葉の歌の中にても

(ウ)万葉の歌の中にても云々。

此集は、撰びてあつめたる集にはあらず。よきあしきえらびなくあつめたれば、古《いにしへ》ながらも、あしき歌も多し。善悪《よしあし》をわきまへて、よるべきなり。

今の世、古風《いにしへぶり》をよむともがらのよみ出づる歌を見るに、万葉の中にてもことに耳なれぬあやしき詞《ことば》をえり出でつかひて、ひたすらにふるめかして、人の耳をおどろかさんとかまふるは、いといとよろしからぬこと也。歌も文も、しひてふるくせんとて求め過ぎたるは、かへすがへすうるさく、見ぐるしきものぞかし。万葉の中にても、ただやすらかにすがたよき歌を手本として、詞もあやしきをば好むまじき也。

さて又、歌も文も、同じ古風の中にも段々有りて、いたく古きとさもあらぬとあれば、詞もつづけざまも、大抵その全体の程に応ずべきこととなるに、今の人のは、全体のほどに応ぜぬ詞をつかふこと多くして、一首一篇の内にも、いたくふるき詞づかひのあるかと見れば、又むげに近き世の詞もまじりなどして、其体混雑せり。

すべて古風家の歌は、後世家のあまり法度にかかはり過ぐるをにくむあまりに、ただ法度にかかはらぬを心高くよき事として、そのよみかた、甚だみだりなり。万葉のころとても、法度といふことこそなけれ、おのづから定まれる則《のり》は有りて、みだりにはあらざりしを、法度にかかはらぬを古《いにしへ》と心得るは、大きにひがこと也。既に今の世にして古をまねてよむからは、古のさだまりにかなはぬ事有りては、古風《いにしへぶり》といふ物にはあらず。

今の人は、口には「いにしへ、いにしへ」とたけだけしくよばはりながら、古の定まりをえわきまへざるゆゑに、古は定まれることはなかりし物と思ふ也。万葉風をよむことはちかきほど始まりたることにて、いまだその法度を示したる書《ふみ》などもなき故に、とかく古風家の歌は、みだりなることおほきぞかし。

【注釈】

撰びてあつめたる集にはあらず　後世の勅撰集のように厳密に編集したものではないということ。真淵『歌意考《かいこう》』「今の二十の巻にあるあずま歌は、大伴の家持《やかもち》ぬしのとりあつめし物。この十四の巻なるは、それより古き東歌《あずまうた》にて、かならず上につづきて、撰びそえられしものと見ゆ。又、三の巻よりは、おおくは家持ぬしの歌集なり。五は山上憶良《やまのうえのおくら》の集、七と十とは、ことのさまひとしくて、又たれその人の家に書きつめしもの、かくさまざまなれば、よくえらびととのえたる巻は少し。よりて、たわれたるも、はたよく本末《もとすえ》のととのおらぬも、また本はよろしくて、末のこと葉のわろきも有り。しかれば、今かた（模範）として取らんには、更にえらびてとるべし。そのえらび、はたかたければ、誰かは是にあたらむ。ただ言葉のとどこおらず、ことわり明らけくみやびてやさしとおぼゆる心こと葉なるをとるべし。少しも聞きにくくくるしげなるをば、まずはあしとおもいたれ」。

万葉の中にてもことに耳なれぬあやしき詞をえり出でつかひて　石原正明《いしはらまさあきら》『年々随筆《ねんねんずいひつ》』巻二「古学といいて、古事記・万葉集のさたするともがらは、消そこ文にも詞にも、古言めかしきことのみ書きて、かのからさえずりよりも聞きつかずみぐるし。さるは、契沖・真淵・本居先生などの考を見なれ聞きなれていうめれど、その考え共も、あたらざるも多かれば、あいなきたのみ所なり。すべて世の事と詞と打ちあいたる物にしあれば、今時の雑事を、古言にいいとらん事、難きわざなり。されば俗語も入りまじりて、頼政《よりまさ》の卿の射たりけむ怪鳥のごとく、かしらは猿、尾はくちなわにて、みぐるしきわざならずや。学問を打出でて、とくみえむとのすさみにこそ、よしなしよしなし」。

万葉の中にても、ただやすらかにすがたよき歌を手本として　『龍公美《りゅうきみよし》賀茂真淵問ひ答へ』「歌は万葉によりてよむとも、万葉にはわろきことば、わろき歌あり。中にことば直く心なだらかなるをとるべし」。

後世家のあまり法度にかかはり過ぐるをにくむあまりに　後世家の法度とは、制詞《せいし》に代表される、詠歌上の規則をいう。平安末期ごろから意識されはじめ、順徳院《じゅんとくいん》の『八《や》雲御抄《くもみしょう》』、藤原為家《ためいえ》の『詠歌一体《えいがのいってい》』などによって具体的な規範となった。おおくは「主《ぬし》ある詞《ことば》」の制禁、「先達加難詞《せんだつかなんし》」の例示など、ことばの使用を制限する内容である。二条派が主流の中世歌壇にあっては歌学の権威となり、細川幽斎《ほそかわゆうさい》などによって近世の堂上歌壇にも受け継がれた。戸《と》田茂睡《だもすい》がそれを否定し（『梨本集《なしのもとしゅう》』）、荷田在満《かだのありまろ》も斥けた（『国歌八論《こっかはちろん》』）。以後、古学派歌人のあいだでは、詠歌の形骸化、表現の規制として批判されつづけた。山崎美成《やまざきよししげ》『文教温故《ぶんきょうおんこ》』巻下「歌に制の詞とて、俊成卿の好みよむべからずと宣《のたま》いし詞、定家卿の庶幾せざると宣いし詞など、なお多くよむまじき詞あり。おもうに、それ歌はもと詞花《しいか》言葉《げんよう》をことゝすれば、いかにも風体は幽艶ならんことを求めて、言辞の鄙俗なるは避くべきことなれど、よむまじきという詞やあるべき。古歌の質に過ぎたる詞と、名歌の巧みを極めたる句は遠慮すべきこと、もとよりさもあるべきことなり。さて、制の詞をはやく説破せしは、戸田茂睡ぞ嚆矢《こうし》なるべき。これに次ぎて荷田氏の避詞論などなるべし」。しかし、宣長が言うように、古学派歌人（とくに万葉調を好む歌人）が、みずからの二条派批判に呪縛されて、かえってその自由な詠風を失っていったことは否定できない。

法度にかかはらぬを古と心得るは、大きにひがこと也　『石上私淑言《いそのかみのささめごと》』巻三「よき歌をよみ出でむと思う人は、今の所せき掟を守るがうえにも、なおわろきをはぶき棄てて、よさが中にもよきを求め、うるわしく雅やかなる心詞を択りととのうべきことにこそあれ」。

【口語訳】

この歌集は出来のよしあしを撰んであつめたという集ではない。したがって、古のものとはいえ、なかには拙い作品もおおく混じっている。そこをわきまえなければならない。

今の世、古風を詠む歌人のその歌を見ると、万葉のなかでもしいて耳馴れない変わったことばを使ってひたすら古めかして、人の耳を驚かそうとする、これは大変よろしくない。歌も文も無理に古くしようとしてそれが行き過ぎると、うるさく見苦しいものである。万葉のなかでも、やすらかで姿のいい歌を手本とし、ことばも不自然なものを好んではいけない。

さてまた、歌も文も、おなじ古風といってもその段階がある。ひじょうに古いものとそれほどでもないものとがあって、ことばもその遣い方も、その全体の調子にふさわしいものでないといけない。ところが、今の人の歌文は、そうでないことばをつかうことが多く、一首一篇のうちにも、えらく古いことばがあるかと思えば、またひどく新しいことばも混じったりして、その体が混雑している。

概して古風家の歌は、後世家が規則にかかわりすぎるのを嫌うあまり、規則にかかわらないことを心高くよいことのように思っていて、その詠み方がたいへん乱れている。万葉の時代でも、規則というのはなかったけれども、おのずから定まった規則はあったのであって乱れてはいなかった。それを、規則にかかわらないのを古と心得るのは、おおいに間違っている。すでに今の世にして古を真似て詠むのだから、古の定めにかなわないことがあっては、それは古風というものではない。

今の人は、口では「いにしえ、いにしえ」とうるさく叫びながら、古の決まりをわきまえていないので、古には規則がなかったと思うのである。万葉風を詠むのは近年になって始まったことなので、いまだその規則のようなものを記した書物がない。それゆえ、とかく古風家の歌は、妄《みだ》りなことがおおいのである。

長歌をもよむべし

(ヰ)長歌をもよむべし。

長歌は、古風《いにしへぶり》のかた殊にまされり。古今集なるは、みなよくもあらず。中にいとつたなきもあり。大かた今の京になりての世には、長歌よむことは、やうやうにまれになりて、そのよみざまもつたなくなりし也。後世《のちのよ》にいたりては、いよいよよむことまれなりしを、万葉風の歌をよむ事おこりて、近きほどは、又皆長歌をも多くよむこととなりて、其中には、万葉集に入るとも、をさをさはづかしかるまじきほどのも、まれには見ゆるは、いともいともめでたき大御世の栄えにぞ有りける。

そもそも世の中にあらゆる諸《もろもろ》の事の中には、歌によまんとするに、後世風《のちのよぶり》にてはよみとりがたき事の多かるに、返りて古風《いにしへぶり》の長歌にてはよくよみとらるることおほし。これらにつけても、古風の長歌、必ずよみならふべきこと也。

【注釈】

長歌は、古風のかた殊にまされり。古今集なるは、みなよくもあらず　『にひまなび』「長歌こそ多くつづけならうべきなれ。こは古事記・日本紀にも多かれど、くさぐさの体を挙げたるは万葉也。そのくさぐさを見てまねぶべし」。真淵のこの首唱によって、古学者のあいだで長歌が復活した。古今集以後の長歌については、真淵も右文の欄外注で、「古今集の長歌はいと弱くして、作りざまもいまだしければとらず。ましてその後なるは、いうにもたらず」と言う。↓【余録】

其中には、万葉集に入るとも、をさをさはづかしかるまじきほどのも　しかし、『玉勝間《たまかつま》』巻八「長歌の詞のつづき五七なると七五なるとの事」で、古風家の詠む長歌を批判する。

【口語訳】

長歌は、上代のものが優れている。『古今集』に載るものは、みなよろしくない。なかにはたいへん拙いものもある。およそ今の京になってから（平安時代以降）は、長歌を詠むことが徐々になくなって、その詠み方も下手になった。後世にはますます詠まなくなった。しかし、万葉風の歌を詠むことが流行して、最近は長歌をもおおく詠むようになった。そのなかには、『万葉集』に入れても遜色ないものもまれにはある。めでたい御代というべきだ。そもそも世の中のあらゆることのなかには、それを歌に詠もうとすると、後世風では詠みにくいところが多いのだが、かえって古風の長歌でうまく詠みおおせることがある。このことを考えても、古風の長歌はかならず詠み習うべきである。

【余録】

長歌は、万葉時代をもってその最盛期とする。内容的に短歌との大きな相違は、儀礼の場とのつながりが深いということである。宮廷儀式や祭祀の場での集団の歌であるものがおおく、その頂点に立つのが柿本人麻呂であった（真淵『古風小言』「万葉集、人まろ長歌のたくみ、古今に比類なし」）。

人麻呂の長歌は、構想に漢詩文の影響があり、枕詞や序詞・対句などの表現を多用する。集団詠の要素をとりいれながらも、万葉仮名という文字表記の効果を最大限に生かして、すぐれた個性を発揮することに成功した。

だが、歌聖人麻呂の完成したこの長歌も、平安時代になると急速に衰微してゆく。『古今集』以後の勅撰集に入集される長歌の数の極端な少なさが、そのことを如実にものがたるのだが、長歌の衰微は、しかし、すでに万葉時代に始まっていた。儀礼的な歌は、考えてみれば、その内容あるいは素材に限りがある。だからこそ歌人は表現の練磨に専念するのであるが、表現が最高度に達したとき、長歌という表現様式は、その可能性において閉ざされたものとならざるをえない。皮肉にも、高度に洗練された人麻呂の長歌作品が、長歌における表現の限界をしめしていたのである。人麻呂につづく長歌作者として笠金村《かさのかなむら》や山部赤人《やまべのあかひと》などがいるが、もっぱら人麻呂の模倣であるところに、儀礼歌としての限界がみえはじめたことを意味する。

そこにあたらしく登場してきたのが、山上憶良《やまのうえのおくら》と高橋虫麻呂《たかはしのむしまろ》である。憶良は長歌に思想性を付与し、虫麻呂はいわゆる伝説歌を多作する。これによって、閉塞状況にあった長歌が、そのモチーフにひろがりを持つこととなった。とくに虫麻呂の伝説歌は、その叙事性を発揮することにおいて、長歌形式にもっとも適したものであったといえる。がしかし、万葉第三期にあらわれたこの新風も、以後に継承発展を見ることがない。その理由は、日本の韻文が叙情詩としてのみ発展したためである。叙情性をもっぱらとする和歌において、長歌はその座を主張できなくなっていった。それともうひとつ、憶良や虫麻呂の試みは、散文においてこそ、より効果的に実現されるべきものであって、事実、以降の日本文学史は、散文がその任をになうこととなる。

後世風をもすてずして

(ノ)又、後世風をもすてずして云々。

今の世、万葉風《まんようぶり》をよむ輩《ともがら》は、後世《のちのよ》の歌をばひたすらあしきやうにいひ破《や》れども、そは実《まこと》によきあしきをよくこころみ、深く味ひしりて、然《しか》いふにはあらず。ただ一《ひと》わたりの理《ことわり》にまかせて、万《よろづ》の事、古《いにしへ》はよし後世はわろしと定めおきて、おしこめてそらづもりにいふのみ也。

又、古と後世との歌の善悪《よしあし》を、世の治乱盛衰に係《か》けていふも、一《ひと》わたりの埋論にして、事実にはうときこと也。いと上代《かみつよ》の歌のごとく実情《まことのこころ》のままをよみいでばこそ、さることわりもあらめ、後世の歌は、みなつくりまうけてよむことなれば、たとひ治世の人なりとも、あしき風《ふり》を学びてよまば、其歌あしかるべく、乱世の人にても、よき風をまなばば、其歌などかあしからん。又、男《ますらを》ぶり・女《たをやめ》ぶりのさだも、緊要にあらず。つよき歌よわき歌の事は、別にくはしく論ぜり。大かた此古風《いにしへぶり》と後世と、よしあしの論は、いといと大事にて、さらにたやすくはさだめがたき子細どもあることとなるを、古学《いにしへまなび》のともがら、深きわきまへもなく、かろがろしくたやすげにこれをさだめいふは、甚だみだりなること也。

そもそも古風家の、後世《のちのよ》の歌をわろしとするところは、まづ「歌は、思ふこころをいひのぶるわざなるに、後世の歌はみな実情にあらず。題をまうけて、己《おの》が心に思はぬ事をさまざまとつくりて、意《こころ》をも詞《ことば》をもむつかしくくるしく巧みなす。これみな偽《いつはり》にて、歌の本意にそむけり」とやうにいふ、これ也。まことに一《ひと》わたりのことわりはさることのやうなれども、これくはしきさまをわきまへざる論也。

其故は、上にいへる如く、歌は、おもふままにただにいひ出づる物にはあらず。かならず言《ことば》にあやをなしてととのへいふ道《みち》にして、神代《かみよ》よりさる事にて、そのよく出来てめでたきに人も神も感じ給ふわざなるがゆゑに、既に万葉にのれるころの歌とても、多くはよき歌をよまむと求めかざりてよめる物にして、実情《まことのこころ》のままのみにはあらず。上代《かみつよ》の歌にも、枕詞《まくらことば》・序詞《じょことば》などのあるを以てもさとるべし。枕詞や序などは、心に思ふことにはあらず、詞のあやをなさん料《りょう》にまうけたる物なるをや。

もとより歌はおもふ心をいひのべて、人に聞かれて、聞く人のあはれと感ずるによりて、わが思ふ心はこよなくはるくることとなれば、人の聞くところを思ふも、歌の本意也。されば、世のうつりもてゆくにしたがひて、いよいよ詞にあやをなし、よくよまむともとめたくむかた次第次第に長《ちょう》じゆくは、必ず然らではかなはぬおのづからの勢ひにて、後世の歌に至りては、実情をよめるは百に一つも有りがたく、皆作りごとになれる也。然はあれども、その作れるは何事を作れるぞといへば、その作りざまこそ世々にかはれることあれ、みな世の人の思ふ心のさまを作りいへるなれば、作り事とはいへども、落つるところはみな、人の実情のさまにあらずといふことなく、古《いにしへ》の雅情にあらずといふことなし。
されば、ひたすらに後世風《のちのよぶり》をきらふは、その世々に変じたるところをのみ見て、変ぜぬところのあることをばしらざる也。後世の歌といへども、上代《かみつよ》と全く同じきところあることを思ふべし。

【注釈】

万葉風をよむ輩は、後世の歌をばひたすらあしきやうにいひ破れども　たとえば、次のような例をいう。真淵が『国歌《こっか》八論《はちろん》臆説《おくせつ》』の「詞をえらぶの論」で、定家の「駒とめて袖うちはらうかげもなし佐野のわたりの雪の夕暮」とその本歌である万葉歌「苦しくもふりくる雨か三輪の崎佐野のわたりに家もあらなくに」とを比較して、定家の歌を「そらぞらしきここちするなり」と評した。それを田安《たやす》宗武《むねたけ》がひきとって真淵に同調し（『臆説《おくせつ》剰言《じょうげん》』）、さらに『再奉答金吾君書』（真淵）、『歌論』（宗武）、『歌体約言』（同）で定家歌批判が繰り返された。

ただ一わたりの理にまかせて、万の事、古はよし後世はわろしと　真淵も宗武も、定家の歌をよくないとするのは、煎じつめれば次のような理由である。万葉歌は、人けのない佐野のあたりで雨にあった苦しさがよく出ている。それにひきかえ、定家のは、雪の夕暮の景色が見てみたいと思わせるように詠われている。そんな人けのないところの夕方の雪の景色に、興趣などあろうはずがない。苦しいことをおもしろいように詠うことがよくないのであり、人の害にもなるのである、と。宣長はそれを、ありきたりの理屈（「一わたりの理」）と言ったのである。

古と後世との歌の善悪を、世の治乱盛衰に係けていふ　宗武が、和歌の盛衰と歴史の治乱興亡とを関係づける（『国歌八論余言』「歌の道盛んなる世と廃れたる世とを弁ふるの論」など）。ここはそれにたいする批判。

男ぶり・女ぶり　真淵が『万葉集』の歌風を男性的として「ますらおぶり」、『古今集』のそれを女性的として「たおやめぶり」と呼んだところから、以後の歌論用語となった。『にひまなび』「古えの事を知る上に、今その調の状をも見るに、大和国《やまとのくに》は丈夫国《ますらおのくに》にして、古はおみなもますらおに習えり。故、万葉集の歌は、凡《およ》そ丈夫の手ぶり也。山背国《やましろのくに》はたおやめ国にして、丈夫もたおやめをならいぬ。かれ、古今集の歌は、専ら手弱女《たおやめ》のすがた也」。春海『歌がたり』「県居の翁の常にいわれけるは、藤原・奈良のみかどの頃の歌は丈夫ぶりなり。今の都となりてのは女ぶりなりといわれき」。

つよき歌よわき歌の事は、別にくはしく論ぜり　『石上《いそのかみの》私淑言《ささめごと》』のことか。まことの人情とは、はかなく女々しいものであり、「ただ物はかなく女々しげなる此方（日本）の歌ぞ、詩歌の本意なるとはいうなり」と言う（巻二）。

歌は、思ふこころをいひのぶるわざなるに、後世の歌はみな実情にあらず　古風家の言説としては、たとえば、富士《ふじ》谷御《たにみ》杖《つえ》が『北辺随筆《きたのべずいひつ》』巻三「題詠」で次のように言う。「おのれわかかりしより、世々のすがた、人々の風采をまねびて歌よみ試みたるに、第一に情、第二に題、第三に歌となる、これかみつよの人の歌よめる次第なり。されば、題を得て歌よまむは、第二が第一となるなれば、たといそのえたる題は題にて、まず情をさきにせむとすとも、第二第一と次序みだれたる事、歌となりてののちも、おのずからまぬかれがたかるべし。此故に、志ありてまことに歌よみえむとには、必ず無題にてよみしるべし。……近ごろは、人々にこの次序のやむごとなきをときしめして、無題の歌をすすめこころみしに、その上達いとすみやかなり。中にも、有題・無題ふたようによみてみする人あり。その有題なるは初学のごとく、無題なるは已達のごとし。ここをもて、いよいよ次序のやむごとなきを知りぬ。おおかた中昔の人すら題をえてよめるはなく、贈答その外、情よりおこらぬはなければ、かえすがえす歌よみならわむには、無題にしく事あるべからず。この事、今おのれめざましく、はじめていい出でたらんように聞きなされて、世の批判を、もりきかぬにしもあらねど、かみつよはもと無題なるがつねなるをいかがはせむ。志あらん人は、古歌に精神をうちいれて、さらに御杖がいいそめたる事にはあらざるをおもいゆるしてよ」。

上にいへる如く、歌は、おもふままにただにいひ出づる物にはあらず　各論（ム）「古風の歌をまなびてよむべし」をさす。

かならず言にあやをなしてととのへいふ道にして　各論（ム）「古風の歌をまなびてよむべし」と同趣旨。

枕詞や序などは、心に思ふことにはあらず　『玉勝間』巻八「枕詞《まくらことば》」に次のように言う。「天や月・日などをいおうとして、その前に『ひさかたの』といい、山というときに、やはり前に

『あしひきの』という。これを世に枕詞という。この名義は古くはなく、中昔の末ぐらいからあったようである。これを『枕』というのは、かしらにおくゆえと、だれもが思うだろうが、じつはそうではない。枕はかしらにおくものではない。かしらを支えるものである。そもそも、かしらばかりでもなく、すべて物が浮いてできた隙間をささえる、それを『まくら』という。だから、名所を歌枕というのも、一句の言葉では足りないので、明いたところに置くという意味の名義である。であるから、枕詞というのもその道理で言い始めたのであろう。『梅の花それとも見えずひさかたの云々』『しのぶれど恋しき時はあしひきの云々』などの類である。そもそもこれらは、一つの様《さま》であるのだが、すべてがそうだというのではない。後世の人の解釈で一面的な名称になったのだ。そうじてかしらにおく詞なので、わが師が『冠詞』とおっしゃったのは、理屈にはかなっている。しかしながら、今はあまねく『枕詞』と言い習わしているので、道理はさておいて、一般的な名称のほうがいいだろう」。↓

【余録】

歌はおもふ心をいひのべて、人に聞かれて、聞く人のあはれと　『石上私淑言《いそのかみのささめごと》』巻一「歌という物は、物のあわれに堪えぬ時よみ出でて、おのずから心をのぶるのみにもあらず。いたりてあわれの深き時は、みずからよみ出でたるばかりにては、なお心ゆかずあきたらねば、人に聞かせて慰むものなり。人のこれを聞きてあわれと思う時に、いたく心の晴るるものなり。これまた自然のことなり」。

世のうつりもてゆくにしたがひて、いよいよ詞にあやをなし　宣長は、ここでいう「作り事」

を、若いころは「偽り」という。『石上私淑言』巻三「本《もと》のようを尋ぬれば、ただ心にあわれと思うことをいいのぶるが歌なれど、それもただの詞のようにみだりにいい続くるものにはあらず、必ず詞に文《あや》をなして、ほどよく詠《なが》め出ずるを歌とはいうなり。そはわざと巧むとしもなけれど、あわれと思うことの深き時は、おのずから詠め出ずる詞に文《あや》はあるものにて、その詞の文《あや》ありうるわしきによりて、深き情もあらわるるゆえに、それを聞く神も人もあわれとは思うぞかし。さればあわれと聞かれむことを思えばよき歌をよまむとするゆえに、世の下るにしたがいていよいよ心をも詞をも飾るにつけては、おのずから偽りも多くなりて、ついには心に思わぬことをもよむことにはなれるぞかし」と。『あしわけ小船』でもくりかえし言う。

落つるところはみな、人の実情のさまにあらずといふことなく　『あしわけ小船』で、前出の問いに、次のように答える。「禁制を立てて心のままに詠まさぬは、狭くして歌の本体に叶わぬように思えど、さにあらず。思う心を詠み表わすが本然なり。その歌のよきようにとするも、又歌詠む人の実情なり。よきが中にもよきを選び、優れたるが中にも優れたる歌を詠み出でむとするが、歌の最極無上の所なり。歌の善し悪しをいわぬ時は、論ずることもなく学ぶこともいらぬなり。よき歌を詠まむと思う心より、詞を選び意を設けて飾るゆえに、実を失うことあるなり。常の言語さえ、思うとおりありのままにはいわぬものなり。況んや歌はほどよく拍子おもしろく詠まむとするゆえ、我が実の心とたがうことはあるべきなり。そのたがう所もすなわち実情なり。その故は、心には悪心あれども、善心の歌を詠まむと思うて詠む歌は、偽りなれども、その善心を詠まむと思う心に、偽りはなきなり。すなわち実情なり。たとえば花をみて、さのみおもしろからねど、歌のならいなれば随分面白く思うように詠む、面白しと云うは偽りなれど、面白きように詠まむと思う心は実情なり。しかれば、歌と云うものは、みな実情より出ずるなり。よく詠まむとするも実情なり。よく詠まむと思えど、よく詠めば実情を失うとて、悪けれどありのままに詠む、これよく詠まむと思う心にたがうて偽りなり。されども、実情を失う故に、ありのままに詠まむと思うも、又実情なり」。

ひたすらに後世風をきらふは、その世々に変じたるところをのみ見て　『石上私淑言《いそのかみのささめごと》』巻三で、やはり後世風を嫌う問いにたいして、次のように答える。「それは変りたる所をのみいいて、変らぬ所を知らぬなり。大方世のうつりゆくにしたがいて、歌のさまも一様ならぬは、おのずからさるべき理《ことわ》りにて、いたく変り来つるなり。されどそは早くいい古しつることを、新しくとりなさむとするままに、同じ心ばえもいいざまによりてすこしずつ変りゆき、またいたく巧みに心深くなりつつ、その中には体のよき悪しきなどもまじりもすめれど、それもただ同じことを珍らかにいいなせるばかりのけじめこそあれ、いうことの心は、みな古も同じことぞかし」。

【口語訳】

いまどきの万葉風を詠む人は、後世の歌をただただ悪いように言うけれども、それは、実際によしあしをよく検討して味わったうえでそう言っているのではない。ありきたりの理屈でもって、すべて古は良い、後世は悪いと決めつけて、でたらめに言うだけなのだ。

また、古と後世との歌のよしあしを、時代の治乱盛衰と関係づけて論じるのも、通り一遍の理屈であって、事実とはへだたっている。はるか古代の歌のように、実情のままを詠むというならば、そういうこともいえるだろう。だが、後世の歌は、みな作り設けて詠むものである。たとえ治世の人であっても、わるい歌風を学んで詠めば、その歌はわるくなるだろうし、乱世の人でも、よい歌風を学ぶならば、どうしてわるい歌になるだろうか。また、「ますらおぶり」「たおやめぶり」の論議もさして重要ではない。力づよい歌・優美な歌のことは、別のところで詳しく述べた。概して、この古風と後世風、歌のよしあしの論議はひじょうに大事であって、簡単に決めつけることはできない難しい問題もあるのだから、古学者は、深い考えもなく軽率に決めつけるのは、たいへんよくないことである。

そもそも古風家が後世の歌をわるいとするのは、次のような理屈である。まず「歌は思うこころを言うものであるのに、後世の歌はみな実情ではない。題をもうけて、心にもないことをいろいろと作って、意味もことばもむつかしく苦心して飾りたてる。これらはみな偽りであって、歌の本来のすがたではない」と言う。ちょっと見たところはもっともであるようだけれども、これは歌というものを詳しく知らない論理である。

その理由は、さきに言ったように、歌というものは、思ったことを直接に表現するものではないからである。かならずことばに綾をなして整えるもので、それはすでに神代の昔からそうであった。その出来がよくてすばらしいから、人も神もふかく感じるのである。したがって、万葉時代の歌も、おおくはよい歌を詠もうと思って飾って詠んだものであって、実情そのままではないのだ。上代の歌にも枕詞や序詞などがあるという事実で、それはわかる。枕詞や序詞などは、心に思うことではない。ことばに綾をなすための技巧ではなかったか。

歌というのは、思う心を述べて、それを人に聞かれて、聞く人が「ああ、いいな」と感じる、それによって、わが思う心はこのうえなく晴れる。そういうものだから、他人がそう感じるのを思いやるのも、また歌の本来のありかたである。したがって、時代がうつれば、いよいよことばに綾をなしてうまく詠もうとする技巧が発達する、これは自然の勢いというものである。後世の歌にいたっては、実情を詠んだものは、百に一つもなく、みな作りごとになっているのである。しかし、その作るのは何を作るのかといえば、その作りざまこそ、世々に変わることであって、みな世の人の思う心のさまを作って表現しているのである。作りごととはいえども、畢竟するところ、人の実情のさまにあらずということはなく、古の雅情にあらずということもない。

であるから、ひたすら後世風を嫌うのは、変化したところばかり見て、時代が変わっても不変なものがあるというのを知らないからである。後世の歌といえども、上代とまったく同じところもあるということに思いを致さねばなるまい。

【余録】

枕詞を真淵は「冠辞」という。『冠辞考』序文で、「このすがたのごとうたわむにも、言のたらわぬときは、上にうるわしきことを冠らしめて、調べをなんなせりける。譬えばよそおしき冠を設けてかしらにおくがごとし」と言う。対して、桂園《けいえん》派の内山《うちやま》真弓《ゆみ》が伝えるところによると、その師香川景樹《かがわかげき》は「枕詞は調べをととのうる為の具なり。然るに、大かた冠辞と云いて、詞に冠らする為にのみもうくるものなりとおもい誤りてつかいなすこそ愚かなれ」と言ったという（『歌学提要《かがくていよう》』「枕詞」の項）。これが真淵への批判であることは明らかだが、宣長の所説も同様で（『玉勝間《たまかつま》』巻八「枕詞」）、宣長の考えはむしろ、景樹のほうに近いかと思われる。

真淵は、春満《あずままろ》がこれを「かうむりことば」と言ったのを引き取って、枕詞では雅趣がないとして「冠辞」の語をつかった。だが、この語はひろく行われなかったらしく、江戸真淵門の山岡浚明《やまおかまつあけ》でさえ「枕言」という語をつかう（『類聚名物考』巻三〇二）。富士谷《ふじたに》御杖《みつえ》も、「冠辞」の語をつかいながら、「枕詞」のほうが一般的だと言う（『北辺随筆』巻二）。宣長も「今はあまねく枕詞といいならいたれば」と言うように、学術用語としては「枕詞」が定着したようである。

「序詞」という語も定着度が低い。さきの『歌学提要』は「序歌」という。富士谷御杖は、自身は「よせ歌」というが、それを「よにいう序歌也」と注する（『北辺髄脳』巻下）。当時の学術用語としては「序歌」が一般的であったろう。

後世風をもすてずして（その2）

猶いはば、今の世の人にして万葉の古風《いにしへぶり》をよむも、己《おの》が実情《まことのこころ》にはあらず。万葉をまねびたる作り事也。もしおのが今思ふ実情のままによむをよしとせば、今の人は、今の世俗のうたふやうなる歌をこそよむべけれ。古人《いにしへびと》のさまをまねぶべきにはあらず。万葉をまねぶも既に作り事なるうへは、後世に題をまうけて意《こころ》を作りよむも、いかでかあしからん。よき歌をよまんとするには、数おほくよまずはあるべからず。多くよむには、題なくはあるべからず。これらもおのづから然るべきいきほひ也。

そもそも、後世風《のちのよぶり》わろき事もあるは、勿論のこと也。然れども、わろき事をのみえり出でてわろくいはんには、古風《いにしへぶり》の方にもわろきことは有るべし。一《ひと》むきに後世をのみいひおとすべきにあらず。後世風《のちのよぶり》の歌の中にも、又いひしらずめでたくおもしろく、さらに古風にてはよみえがたき趣どもの有ること也。すべてもろもろの事の中には、古よりも後世のまされる事もなきにあらざれば、ひたぶるに後世を悪しとすべきにもあらず。

歌も、古と後とをくらべていはんには、たがひに勝劣《よしあし》ある中に、おのれ数十年よみこころみてこれを考ふるに、万葉の歌のよきがゆたかにすぐれたることは、勿論なれども、今の世にそれをまなびてよむには猶たらはぬことあるを、世々を経て、やうやうにたらひて備はれる也。さればこそ、今の世に古風《いにしへぶり》をよむ輩《ともがら》も、初心のほどこそ何のわきまへもなくみだりによみちらせ、すこしわきまへも出来ては、万葉風のみにてはよみとりがたき事など多き故に、やうやうと後世風《のちのよぶり》の意詞《こころことば》をもまじへよむほどに、いつしか後世風にちかくなりゆきて、なほをりをりはふるめきたる事もまじりて、さすがに全くの後世風にもあらず、しかも又古今集のふりにもあらず、おのづから別に一風なるも多きぞかし。これ、古風のみにては事たらざるところのあるゆゑなり。

すべて後世風をもよまではえあらぬよしをなほいはば、まづ万葉の歌を見るに、やすらかにすがたよきは、其趣いづれもいづれも似たる事のみ多く、よめる意《こころ》大抵定まれるが如くにて、或は下句《しものく》全く同じき歌などもおほく、すべて同じやうなる歌いと多し。まれまれにめづらしき事をよめるは、多くはいやしげにて、歌ざまよろしからず。

然るを、万葉の後、今の世まで千余年を経たる間、歌よむ人、みなみな万葉風をのみ守りて変ぜずして、しかもよき歌をよまんとせば、皆万葉なる歌の口まねをするやうにのみ出来て、外によむべき事なくして、新たによめる詮《せん》なかるべし。されば、世々を経て、古人のよみふるさぬおもむきをよみ出でんとするには、おのづから世々にそのさま変ぜではかなはず、次第にたくみもこまやかにふかくなりゆかではかなはぬどうり也。古人の多くよみたる事を同じさまによみたらんには、其歌よしとても、人も神も感じ給ふことあるべからず。もし又、古《いにしへ》によみふるさぬ事《わざ》を一《ひと》ふしめづらしく万葉風にてよまんとせば、いやしくあしき歌になりぬべし。

かの集の歌すらさやうなれば、まして今の世をや。此事、猶一つのたとへを以ていはん。古風《いにしへぶり》は白妙衣《しろたへごろも》のごとく、後世風《のちのよぶり》はくれなゐ・紫いろいろ染めたる衣のごとし。白妙衣は白たへにしてめでたきを、染衣《そめごろも》も、その染色によりて、又とりどりにめでたし。然るを、白妙めでたしとて、染めたるをばひたぶるにわろしとすべきにあらず。ただ、その染めたる色にはよきもありあしきもあれば、そのあしきをこそ棄つべきなれ。色よきをもおしこめてすてんは、偏《ひとむき》ならずや。今の古風家の論は、紅《くれなゐ》紫《むらさき》などはいかほど色よくても、白妙に似ざればみなわろしといはんが如し。

宣長もはら古学《いにしへまなび》によりて、人にもこれを教へながら、みづからよむところの歌、古風《いにしへぶり》のみにあらずして、後世風《のちのよぶり》をもおほくよむことを「心得ず」と難ずる人多けれども、わが思ひとれるところは、上の件《くだり》のごとくなる故に、後世風《のちのよぶり》をもすてすしてよむ也。其中に古風なるは数すくなくして、返りて後世風なるが多きは、古風はよむべき事すくなく、後世風はよむ事おほきが故也。すべていにしへは事すくなかりしを、後世になりゆくまにまに、万《よろづ》の事しげくなるとおなじ。

【注釈】

すべてもろもろの事の中には、古よりも後世のまされる事も　『玉勝間』巻一四「古よりも後世のまされる事」に、「古よりも後世のまされること、万《よろづ》の物にも事にもおおし。……今の心にて思えば、古はよろずに事たらずあかぬ事おおかりけむ。されど、その世には、さはおぼえずやありけん」とある。

古今集のふり　各論（オ）「さまざまよしあしきふり」参照。

【口語訳】

ついでに言えば、現代人で万葉の古風を詠む人も、じつはおのれの実情を詠んでいるわけではない。万葉をまねた作りごとである。もし自分のいま思う実情をそのまま詠むのをよしとするなら、今の人は今の世俗のうたうような歌をこそ詠むべきであって、古人のさまを真似たりすべきではない。万葉をまねることじたい、すでに作りごとである。後世に題をもうけて作為して詠むことの、どこが悪いというのか。よい歌を詠もうとするには、数多く詠まなくてはならず、多く詠むには題がなくてはならない。これらも自然の勢いというものである。

そもそも後世風に悪いものもあるのは当然のことである。しかし、悪いものばかりを選びだしてわるく言うなら、古風のほうにも悪いものがあるのは当然だ。いちがいに後世風だけを貶《おとし》めるべきではない。後世風の歌のなかにも、いいしらずめでたくおもしろく、さらに古風では詠めない趣などもあるのである。ものごとには、古よりも後世のほうが優れているということもあるので、ひたすら後世を悪いとすべきではない。

歌についても、古と後世とをくらべていえば、たがいに優劣がある。わたしが数十年、詠歌をこころみて、これを考えるに、万葉の歌のよいものが豊かで優れているのは勿論のことだが、今の世にそれを学んで詠むには、なお物足りないところがある。時代をくだって、ようやく学ぶに足るものができるのである。今の世に古風を詠む者も、はじめのうちはなんのわきまえもなく、むやみに万葉風を詠みちらす。そして、すこしわきまえができて、万葉風のみでは詠めないことが多いゆえ、ようやく後世風をまじえて詠む。そのうち、いつしか後世風にちかくなって、なお折々は古風めいたことも混じって、まったくの後世風にもあらず、しかもまた古今集の風にもあらず、おのずと別に一風をなすのが多いのである。これすなわち、古風のみでは足りないところがあるからである。

後世風をも詠まねばならないそのゆえんを、もうすこし言うなら、万葉の歌を見るに、やすらかで歌のすがたのよいものは、その趣がいずれも似たところがおおい。詠まれた内容もたいてい決まっていて、なかには下の句がまったく同じ歌などもあって、すべて同じような歌がたいへん多い。まれにめずらしいことを詠んだものは、おおくは卑しくて、歌のさまはよろしくない。

万葉以後、現代まで千年以上ものあいだ、歌人がみんな万葉風だけを守って変わらず、しかもよい歌を詠もうとしたら、どうなるか。おそらく、みんな万葉歌の口真似をするだけになって、ほかに詠むべきことがなくなり、あらたな歌を詠むことなどできなくなってしまうだろう。ならば、時代をへて古人の詠み古していない趣を詠みだそうとすれば、おのずからそのさまが変化しないではおらず、しだいに技巧もこまやかにならざるをえない。それが道理である。古人がおおく詠んだことを、同じさまで詠んだとして、歌じたいはよくできても、人も神も感動させることはできない。もしまた古に詠み古していない趣をすこし目新しく万葉風で詠もうとすると、卑しく変な歌になってしまうだろう。

『万葉集』の歌でさえそうなのだから、まして今の世の歌はなおさらである。もうすこし譬えをもって言おう。古風は白妙衣のごとく、後世風は紅・紫でいろいろに染めた衣のごときものである。白妙衣はその白さゆえにめでたく、染衣もその染色のゆえにまためでたいのである。白妙をめでたしといって、染めたものをひとえに良くないとすべきではない。ただその染めた色にはいいものもあればよくないものもある。そのよくないところを捨てるべきなのである。色のよいのをむやみに捨てるのは、偏向というものである。いまの古風家の論は、紅紫などはどんなに色がよくても、白妙に似ていないのでみな悪い、と言っているようなものである。

宣長がもっぱら古学を専攻し、人にもこれを教えながら、みずから詠む歌は古風だけでなく後世風もおおく詠んでいるのを、心得ないことと非難する人がおおい。しかし、わたしの思いは、上に述べたようなことなので、後世風をも捨てずに詠むのである。そのなかに古風が少なくて、かえって後世風が多いのは、古風は詠むべきことがすくなく、後世風は詠むことが多いからである。すべて古は事すくなく、時代がくだるにつれて複雑になってゆくのと同じなのだ。

後世風をもすてずして（その3）

さて、吾は、古風《いにしへぶり》・後世風《のちのよぶり》ならべよむうちに、古《いにしへ》と後《のち》とをば清くこれを分かちて、たがひに混雑なきやうにと深く心がくる也。

さて又、初学《うひまなび》の輩《ともがら》、わがをしへにしたがひて、古風・後世風ともによまんとせんに、まづいづれを先《さき》にすべきぞといふに、万の事、本《もと》をまづよくして後に末に及ぶべきは、勿論のことなれども、又末よりさかのぼりて本にいたるがよき事もある物にて、よく思ふに、歌も、まづ後世風《のちのよぶり》より入りて、そを大抵得て後に、古風《いにしへぶり》にかかりてよき子細もあり。その子細を一つ二ついはば、後世風をまづよみならひて、その法度のくはしきをしるときは、古風をよむにも、その心得有りてつつしむ故に、あまりみだりなることはよまず。又、古風は時代遠ければ、今の世の人、いかによくまなぶといへども、なほ今の世の人なれば、その心全く古人の情《こころ》のごとくには変化しがたければ、よみ出づる歌、古風とおもへども、猶ややもすれば、近き後世《のちのよ》の意《こころ》詞《ことば》のまじりやすきもの也。

すべて歌も文も、古風《いにしへぶり》と後世とは、全体その差別なくてはかなはざるに、今の人の歌文は、とかく古と後と混雑することをまぬかれざるを、後世風《のちのよぶり》をまづよくしるときは、是は後世ぞといふことをわきまへしる故に、その誤りすくなし。後世風をしらざれば、そのわきまへなき故に、返りて後世に落つることおほきなり。すべて古風家、後世風をばいみしく嫌ひながら、みづから後世風の混雑することをえしらざるは、をかしきこと也。

古風《いにしへぶり》をよむ人も、まづ後世風《のちのよぶり》を学びて益あること、猶此外にも有る也。古と後との差別をだによくわきまふるときは、後世風をよむも、害あることなし。にくむべきことにあらず。ただ古と後と混雑するをこそ、きらふべきものなれ。これはただ歌文のうへのみにもあらず。古の道をあきらむる学問にも、此わきまへなくては、おぼえず後世意《のちのよのこころ》にも漢意《からごころ》にも落ち入ること有るべし。古意《いにしへごころ》と後世意と漢意とをよくわきまふること、古学《いにしへまなび》の肝要なり。

【口語訳】

さて、わたしは、古風・後世風をならべ詠むうちに、古と後とをはっきり分けて、たがいに混雑ないようにと心掛けるものである。

さてまた、初学者はわたしの教えにしたがって、古風・後世風ともに詠もうとして、ではどちらを先にすべきか。ものごと、まず本をよく体得してのち末に及ぶべきなのは勿論のことだけれども、また末よりさかのぼって本に至るのがいいこともある。よく思うに、歌も、まず後世風から入って、それを習得してのち古風にかかるという手もある。そのわけを一つ二ついうなら、後世風をまず詠みならって、詠歌のきまりに詳しくなれば、古風を詠むときは、その心得があって気をつけるので、あまりみだりがわしい歌は詠まない。また、古風は時代が離れているので、現代人はいかによく学んでも、所詮は現代人である。すべて古人の心のようにはなれず、詠む歌も自分では古風と思っても、ややもすれば、後世の心やことばが混じりやすいものなのだ。

すべて歌も文も、古風と後世とは全体その区別なくしてはかなわない。なのに、今の人の歌文は、とかく古と後との混交をまぬがれない。まず後世風をよく知れば、これは後世だということをわきまえ知るので、その混交の弊が少なくなる。後世風を知らなければ、そのわきまえがないので、かえって大きく後世に陥ることになる。とかく古風家は、後世風を嫌いながら、自分では後世風が混じっていることがわかっていない。これはおかしなことである。

古風を詠む人もまず後世風を学んで有益なことは、このほかにもある。古と後との区別さえよくわきまえれば、後世風を詠んでも害はなく、にくむべきことではない。ただ古と後とが混在することこそ、避けるべきである。これはただ歌文に関することだけではない。古の道を解明する学問にも、このわきまえがなくては、知らないうちに後世の意にも漢意にも陥ってしまう。古の意と後世の意と漢意とを、よくわきまえること、これが古学の肝要なのである。

さまざまよきあしきふり

(オ)後世風の中にも、さまざまよきあしきふりふりあるを云々。

かの染衣のさまざまの色にはよきも有りあしきもあるが如く、後世風《のちのよぶり》の歌も、世々を経てつぎつぎにうつり変れる間には、よきとあしきとさまざまの品ある、其中にまず古今集は、世もあがり、撰びも殊に精《くは》しければ、いといとめでたくして、わろき歌はすくなし。中にもよみ人しらずの歌どもには、師もつねにいはれたるごとく、殊によろしきぞ多かる。そは、おほくふるき歌のことにすぐれたる也。

さて、此集は古風《いにしへぶり》と後世風《のちのよぶり》との中間に在りて、かのふるき歌どもなどは、万葉の中のよき歌どものさまとをさをさかはらぬもおほくして、殊にめでたければ、古風の歌を学ぶ輩《ともがら》も、これをのりとしてよろしき也。然れども、大かた光孝《こうこう》天皇・宇多《うだ》天皇の御代のころよりこなたの歌は、万葉なるとはいたくかはりて、後世風《のちのよぶり》の方にちかきさまなれば、此集をば、姑《しばら》く後世風の始めのめでたき歌とさだめて、明暮《あけくれ》にこれを見て、今の京となりてよりこなたの歌といふ物のすべてのさまを、よく心にしむべき也。

次に、後撰集《ごせんしゅう》・拾遺集《しゅういしゅう》は、えらびやう甚だあらくみだりにして、えもいはぬわろき歌の多き也。然れども、よき歌も又おほく、中にはすぐれたるもまじれり。

さて、次に後拾遺集よりこなたの代々の撰集ども、つぎつぎに盛衰善悪さまざまあれども、そをこまかにいはむには甚だ事長ければ、今は省きて、その大抵をつまみていはば、其間に新古今集は、そのころの上手たちの歌どもは、意《こころ》も詞《ことば》もつづけざまも一首のすがたも、別に一つのふりにて、前にも後にもたぐひなく、其中に殊によくととのひたるは、後世風《のちのよぶり》にとりてはえもいはずおもしろく心ふかくめでたし。そもそも上代《かみつよ》より今の世にいたるまでをおしわたして、事のたらひ備《そなは》りたる歌の真盛《まさか》りは、古今集ともいふべけれども、又此新古今にくらべて思へば、古今集もなほたらはずそなはらざる事あれば、新古今を真盛りといはんもたがふべからず。

然るに、古風家の輩《ともがら》、殊に此集をわろくいひ朽《くた》すは、みだりなる強《しひ》ごと也。おほかた此集のよき歌をめでざるは、風雅《みやび》の情《こころ》をしらざるものとこそおぼゆれ。但し、此時代の歌人たち、あまりに深く巧みをめぐらされたるほどに、其中に又くせ有りて、あしくよみ損じたるは殊の外に心得がたく、無理なるもおほし。されど、さるたぐひなるも、詞うるはしくいひまはしの巧みなる故に、無理なる聞えぬ事ながらに、うちよみあぐるにおもしろくて捨てがたくおぼゆるは、此ほどの歌共也。されど、これは、此時代の上手たちのあやしく得たるところにて、さらに後の人のおぼろげにまねび得べきところにはあらず。しひてこれをまねびなば、えもいはぬすずろごとになりぬべし。いまだしきほどの人、ゆめゆめこのさまをしたふべからず。されど又、歌のさまをくはしくえたらんうへにては、さのみいひてやむべきにもあらず。よくしたためなば、まねび得ることも、などかは絶えてなからん。

【注釈】

古今集は、世もあがり、撰びも殊に精しければ、いといとめでたく　『古今集』は第一番目の勅撰和歌集。真淵『古風小言《こふうしようげん》』「古今集は千歳の歌の手本なるべし。ことに撰集のはじめなり」。

よみ人しらず　撰集で、作者不明の歌に付した表記。『古今集』以後に見える。作者を不明にするのは、平忠度《たいらのただのり》と藤原俊成《としなり》の有名な故事（『千載集』『平家物語』）にあるような政治的理由によることもあるが、基本的には歌のみが伝承されている場合。

師もつねにいはれたるごとく、殊によろしきぞ多かる　『龍公美《りゆうきみよし》賀茂真淵問ひ答へ』に、「（古今集の）よみ人しらずと有るが中には、いにしえの心ことばにてよろずによろしきこそ多けれ。心して見給え」。また、『歌意考』にも「かれ（よみ人しらずの歌）はことひろく、こころみやびかにゆたけくして、万葉につげるもの」、『県居遺説《あがたいいせつ》』にも「古今集はならの末より今の京のはじめつ頃の歌は皆、よみ人しらずと有り。これこそいとよけれ。勝れたるは、此よみ人しられざる歌の中にぞ多き」とある。

此集は、古風と後世風との中間に在りて　真淵『県居遺説』「文徳・清和の御時に至りては古風はなし。延喜に及びてはいよよしかり。されど、つつしみて此調べを守りて心高くよみしかば、また古今集までは今も専ら学ぶべし」。

光孝天皇・宇多天皇の御代のころよりこなたの歌は　両天皇の在位は八八四〜八九七年。次の醍醐天皇の時代（八九七〜九三〇年）に古今集が編纂された。すなわち紀貫之《きのつらゆき》や凡河内躬恒《おおしこうちのみつね》など以後の歌をさす。

後撰集・拾遺集は、えらびやう甚だあらくみだりにして　『後撰集《ごせんしゅう》』は二番目の、『拾遺集《しゅういしゅう》』は三番目の勅撰和歌集。『古今集』とともに「三代集」と呼ばれる。『にひまなび』「後撰集は、古今集におとれる事、同じ日に論《あげつら》うべくもあらず。古歌を取りしにも、誤れる多し。拾遺集は、何処《いずこ》のかたえの人か書き集めつらん。ことに万葉をよみ誤り、古きよみ人をたがえなどせし事、数えがたし。されど、此二集に、今京此かた延喜のころまでの後につけて、よき歌もあれば、たまたまは見るべし」。『あしわけ小船』「後撰集は古今には及ばざれども、なお歌様《うたざま》よく、精選の集なれば、同じく取り用うるなり。拾遺は撰びようはよろしからず、不審なることども多けれど、時代はなおよくして歌様よければ、三代集とて後世まで歌道の眼《まなこ》にすることとなり。ことに古今・後撰は、歌道の盛んなる世に当たりて、天下の名人たる人の集まりて、公けごとにて集め撰びたれば、尤も用うべき集なり。拾遺は花山院の御自撰なれども、歌善ければ、これも同じ事なり」。

後拾遺集よりこなたの代々の撰集ども　『後拾遺集』は四番目の勅撰和歌集。以後、『金葉集《きんようしゅう》』『詞花集《しかしゅう》』と撰集された。宣長は、「後拾遺・金葉・詞花は風体《ふうてい》よろしからず。その善からぬと云うは、詞の善悪をいわずして、ただ心を珍らしく物に寄せなどして、心を珍しく詠むことを詮にして詞をいたわらぬゆえに、優艶なることなし」（『あしわけ小船』）と言う。『後拾遺集』については、成立当時から玉石混淆だとの批難があった（『難後拾遺』）。

此新古今にくらべて思へば、古今集もなほたらはずそなはらざる事あれば　『あしわけ小船』「新古今はこの道の至極せる処にて、この上なし。上一人より下々までこの道を翫《もてあそ》び、大きに世に行わるること、延喜・天暦の頃（古今時代）になお勝りて、この道大きに興隆する時なり。凡《およ》そ歌道の盛りなること、この時に及《し》くはなし。歌のめでたきことも、古えのはさるものにて、まずは今の世にも叶い、末代まで変ずべからず。めでたく麗しきこと、この集に過ぎたるはなし」。

古風家の輩、殊に此集をわろくいひ朽すは、みだりなる強ごと也『玉勝間《たまかつま》』巻一二「俊成卿・定家卿などの歌をあしくいひなす事」において、古風家が新古今時代の代表歌人の二人を貶《けな》すのを批判する。

此時代の歌人たち、あまりに深く巧みをめぐらされたるほどに『あしわけ小船』「この時の名人達の歌は、古の格に違いたることままありても、それながらにめでたく聞えて、疵とならず。自然に風骨の格別なるものなり」。

此時代の上手たちのあやしく得たるところにて『玉勝間』の同段で、俊成・定家の歌を貶す人がどんなに努力しても、「あしもとへもよることあたわじをや」と言う。

【口語訳】
例の染衣の色にいいものもあればわるいものもあるように、後世風の歌も、時代をへて移りかわるうちには、よしあしさまざまにあるものである。そのなかで、まず『古今集』の歌は、時代もふるく、撰び方もことに丁寧なので、たいへん優れていて、わるい歌はすくない。なかでも詠み人しらずの歌には、真淵先生もつねにおっしゃったように、ことにいいものが多い。それは、ふるい歌ほどすぐれている証拠である。

さて、この集（古今集）は、古風と後世風との中間にあって、例の古い歌などは、万葉のなかのよい歌のさまとまったく変わらないものも多くて、ことにすばらしい。古風の歌を学ぶ人も、これを手本にしてよろしい。しかしながら、光孝天皇・宇多天皇の御代（九世紀末）のころ以降の歌は、万葉のものとはずいぶん違って、後世風のほうにちかい。であるから、この『古今集』を、とりあえず後世風の始めの秀歌集とさだめて、つねにこれを熟読して、平安時代以後の歌というもののすべてのさまをよく心に染みこませておくべきである。

つぎに、『後撰集』『拾遺集』は、撰び方がはなはだ粗雑であって、悪い歌がおおい。しかし、よい歌もおおく、なかには優れたものもまじっている。

さてつぎに、『後拾遺集』以後の代々の撰集は、盛衰善悪さまざまあるけれども、詳しくいうと長くなるので、いまは省いて、そのおおよそをかいつまんで言おう。それらのなかで『新古今集』は、そのころの上手の歌詠みたちの作は、心もことばもことばづかいも一首の姿も、格別に一つの風体をなしており、前後に比類がない。そのなかのとくによく整った歌は、後世風にとっては、えもいわれぬ味わい深いすぐれた作である。そもそも古代から現代までを見渡して、すべてに完備した歌の最盛は『古今集』ともいうべきであろうが、またこの『新古今集』にくらべれば、『古今集』もなお足りないところがある。『新古今集』を最盛期といっても、かならずしも過言ではない。

しかるに、古風家たちはこの『新古今集』をわるく言い貶す。だが、それははなはだ間違っている。この集のよい歌に心ひかれないのは、風雅の情を知らないと思ったほうがいい。ただし、この時代の歌人たちはあまりに技巧をこらすので、そこに一種の癖が生じて、わるく詠み損じると、ことのほか理解しがたく不自然になるのも確かである。しかし、そういったものも、ことばは麗しく、表現が巧みなので、不自然でよくわからないながらも、声にだしてみると、趣があって捨てがたく思われる。そんな歌どもなのである。しかし、それは、この時代の名人たちがすぐれて得たところであって、後の人が学んで得られるものでは、けっしてない。無理にこれを学ぶと、まったくでたらめになるであろう。未熟な人は、けっしてこの新古今の風を慕ってはいけない。しかしまた、歌のさまをよく理解したうえでなら、そうは遠ざけねばならないこともない。よく体得したならば、学んで得ることも、まったくないものでもない。

さまざまよきあしきふり（その2）

さて又、玉葉《ぎよくよう》・風雅《ふうが》の二つの集は、為兼卿流《ためかねきようのながれ》の集なるが、彼卿の流の歌は、皆ことやうなるものにして、いといやしくあしき風《ふり》なり。されば、此一流は、其時代よりして異風と定めしこと也。

さて、件《くだん》の二集と新古今とをのぞきて外は、千載集より廿一代のをはり新続古今集《しんしよくこきんしゆう》までのあひだ、格別にかはれることなく、おしわたして大抵同じふりなる物にて、中《なか》古《むかし》以来世間《よのなか》普通の歌のさま、これなり。さるは、世の中こぞりて俊成卿・定家卿の教へをたふとみ、他門の人々とても大抵みなその掟を守りてよめる故に、よみかた大概に同じやうになりて、世々を経ても、さのみ大きにかはれる事はなく、定まれるやうになれるなるべし。世に二条家の正風体《しょうふうてい》といふすがた、是也。此代々の集の内にも、すこしづつは勝劣《よしあし》も風のかはりもあれども、大抵はまづ同じこと也。

さて、初学《うひまなび》の輩のよむべき手本には、いづれをとるべきぞといふに、上にいへるごとく、まづ古今集をよく心にしめおきて、さて件《くだん》の千載集より新続古今集までは、新古今と玉葉・風雅とをのぞきては、いづれをも手本としてよし。

然れども、件の代々の集を見渡すことも、初心のほどのつとめにはたへがたければ、まづ世間にて、頓阿《とんな》ほうしの草庵集《そうあんしゅう》といふ物などを会席などにもたづさへ持ちて、題よみのしるべとすることとなるが、いかにもこれよき手本也。此人の歌、かの二条家の正風《しょうふう》といふをよく守りて、みだりなることなく、正しき風にして、わろき歌もさのみなければ也。其外も題よみのためには、題林愚抄《だいりんぐしょう》やうの物を見るもあしからず。但し、歌よむ時にのぞみて歌集を見ることは癖《くせ》になるものなれば、なるべきたけは、書《ふみ》を見ずによみならふやうにすべし。ただ集共をば常々心がけてよく見るべき也。

【注釈】

玉葉　一四番目の勅撰和歌集。一三一二年成立。二〇巻。京極為兼《きょうごくためかね》撰。反二条派の立場の撰集であることがあからさまであるところから、二条派歌学が主流になった後世においては、異端異風として否定された。

風雅　一七番目の勅撰和歌集。南北朝時代成立。京極派の最後の勅撰集。『玉葉集』以上に反二条派的色彩がつよく、京極派の衰亡により、「玉葉・風雅の異風」と斥けられた。「玉葉・風雅などは、……根のうきたる木に花咲き枝葉繁きが如し」（『詞林拾葉《しりんしゅうよう》』）などと言われる。

為兼卿流　京極為兼は藤原為家《ためいえ》の孫。父の代に、定家・為家の御子左家《みこひだりけ》は為氏《ためうじ》の二条家《にじょう》、為《ため》教《のり》の京極家《きょうごく》、為相《ためすけ》の冷泉家《れいぜい》に分かれた。京極家が歌壇に重きをなすのは為兼の存在がおおきく、『玉葉集《ぎょくようしゅう》』を単独で撰進した。その歌風は、平明で穏健な技巧をこのむ二条家歌風にたいして、直截的でしばしば晦渋《かいじゅう》、観念的なところがあった。だが、京極家じたいが為兼の代で絶えたこともあって、自由な新風の和歌は、中世歌壇の主流になりえなかった。近世に入っても、戸田茂睡《とだもすい》『梨本集《なしのもとしゅう》』などに擁護的な言辞がみえるが、そうじて認められず、為兼が和歌史上で見直されるのは、昭和になってから、土岐善麿《ときぜんまろ》の一連の研究（『京極為兼』など）によってである。

皆ことやうなるものにして、いといやしくあしき風なり　『国歌《こっか》八論《はちろん》』への宣長評のなかに、「分《ぶ》を守らずして及ばぬ処をしいて及ばんとせしは、玉葉・風雅の流也」とある。

其時代よりして異風と定めしこと也　たとえば、『野守鏡《のもりのかがみ》』（一二九五年成立）では為兼の歌風が批判されており、宣長は『玉勝間《たまかつま》』巻四「為兼卿の歌の事」で、その序文を引用する。また、『玉葉集』成立の三年後には『歌苑連署事書《かえんれんしょことがき》』が、明確な『玉葉集』非難の目的で書かれた。いずれも著者は不明であるが、二条家側の人物が匿名で著述したものであるとされる。

件の二集と新古今とをのぞきて外は　『玉あられ』「中ごろより新続古今集までの歌は、玉葉・風雅の二つの集をのぞきては、大かたはおなじさまにて、ことなるわろきくせも見えざなるを」。

千載集　七番目の勅撰和歌集。藤原俊成《としなり》撰。一一八八年奏覧。宣長は、『あしわけ小船』で「千載集に至りて中興とみえて、大きに風体よし」と評価する。

廿一代のをはり新続古今集　『新続古今集』は二一番目の勅撰和歌集。室町時代の一四三九年成立。以後、勅撰和歌集の事業は絶えた。『古今集』から当集までを「二十一代集」と総称する。

俊成卿・定家卿の教へをたふとみ　平安末期・鎌倉初期の歌人。俊成は『千載集』を撰した。その子定家は『新古今集』の撰者のひとり、のち『新勅撰集』を単独で撰集。定家の子為家《ためいえ》は『続後撰集』『続古今集』の撰者。『初学考鑑《しよがくこうかん》』に「風体を習うは、古来風体俊成・詠歌大概定家・詠歌一体為家、これらこそ風体の本と心得べき事也」とある。

二条家の正風体といふすがた　中世から近世にかけての二条派歌学書に頻出する語。宣長二十代の著述『あしわけ小船』でも詳述する。御子左家《みこひだりけ》は為家の子の代に三家（二条・京極・冷泉）に分裂し、二条家が俊成・定家の嫡流を称した。血統は室町中期に絶えたが、頓阿《とんな》ら門流によって歌壇の主流をなした。『詠歌大概秘事直談鈔』に「二条家は、為氏一子為世・為通・為定・為遠・為衡にて家断絶す。道は為世より頓阿が伝えて今に正統伝相承せり」、『続《ぞく》耳底記《にていき》』に「歌の正統は、俊成・定家・為家・頓阿・逍遥院《しょうよういん》（三条西実隆）」などとある。平淡美を尊重し、洗練されたことばによるなだらかな調べを旨とした。

頓阿ほうし　南北朝時代の歌人。二条為世《ためよ》に古今伝授をうける。その平明な表現は、定家・為家以来の二条派を受け継いで、二条家の正風体《しようふうてい》として近世の堂上歌壇で尊崇された。

草庵集　頓阿の歌集。二条家歌風の手本として、中世期からもてはやされた。近世においても、堂上派の聞書類からそれがうかがわれる（『詞林拾葉』など）。注釈類もおおく著された。『草庵集啓蒙《そうあんしゆうけいもう》』（裏松固禅《うらまつこぜん》）、『草庵集難註』（桜井元成《もとしげ》）、『草庵和歌集聞書』（芝山持豊《しばやまもちとよ》）、『草庵和歌集蒙求諺解《もうぎゆうげんかい》』（香川宣阿《かがわせんな》）などがそれ。宣長にも『草庵集玉箒《たまははき》』がある。

題よみのしるべとすることとなるが、いかにもこれよき手本也　題詠《だいえい》の手本。たとえば、『清水宗川聞書《しみずそうせんきぎがき》』に「とかく草庵集程《ほど》の手本は無き也」、『詞林拾葉』に「歌の手本にはとかく頓阿うたなり。似せそこないても、けがはなし」などとある。

此人の歌、かの二条家の正風といふをよく守りて　『初学考鑑』「時変り世をしうつりて異風体になりもて行きて、むかしより伝れりし正風体の筋は、跡かたなくなり行くべき時になりけらし。ここに、頓阿《とんな》法師といえるもの、業を為世《ためよ》卿よりうけて、此頃道の独歩たりし。力を入れ心をつくし、此道の邪路に入らん事をなげきて、二条摂政良基《よしもと》公、或いは尊円《そんえん》親王に申しすすめしより、上をはじめ下臣たるにいたるまで正風体にうつりかえりしは、頓阿の功、京《きょう》極黄門《ごくこうもん》（定家）の後《しり》えに継ぎたらん程なりし」。宣長は、頓阿の時代を「二条家の歌道中興」と位置づける（『あしわけ小船』）。

題よみのためには、題林愚抄やうの物を見るもあしからず　『題林愚抄《だいりんぐしょう》』は、室町時代成立の類題和歌集。平安後期から成立期までの歌約一万首を歌題で分類する（立春・初春霞・子日松など）。寛永一四年・元禄五年・寛政四年の刊本がある。『あしわけ小船』「古集のみ見ては、初心の人、題詠の詠み方覚束なくて、困ることあり。それには題林愚抄と云うものがよきなり。この抄は、類題物の中にては古くして、近き歌なきゆえなり」。

【口語訳】

『玉葉集』『風雅集』の二集は、為兼卿の流れをくむ集であるが、かの卿の流れの歌はみな異様なものであって、たいへん卑しく悪い風体である。であるから、この流派は、その時代から異風といわれていた。

くだんの二集と『新古今集』をのぞいては、『千載集』より第二一代の最後『新続古今集』までのあいだ、格別に変わることはなく、おしなべて大概同じ歌風である。中古以来の世間ふつうの歌のさまはこれなのである。世の中こぞって俊成卿・定家卿の教えを尊んで、他門の人々までもがみなその掟を守って歌を詠むゆえ、詠み方がみんな同じようになってしまった。時代をへてもそれほど大きく変わることはなく、決まった風体のようになった。世に「二条家の正風体」というのが、これである。この代々の集のうちにも、すこしずつは優劣も歌風の変わりもあるが、たいていは同じである。

さて、初心者の読むべき手本としてはなにがいいかというと、上述のように、まず『古今集』をよくよく心して、それで『千載集』より『新続古今集』までは、『新古今集』と『玉葉集』『風雅集』をのぞいて、いずれを手本としてもよい。

しかし、それら代々の歌集を見渡すことも、初心者のうちはなかなかできない。そこで、世間では、頓阿法師の『草庵集』というものなどを歌会の席などに携え持って、題詠のときの手引きにするという話だが、いかにもこれはいい手本である。このひとの歌は、かの二条家の正風とやらをよく守って、妄《みだ》りなことがなく、正しい風体で、わるい歌もそんなにないからである。そのほかにも題詠のためには、『題林愚抄』のようなものを見るのも悪くはない。ただし、いざ歌を詠むときになってそのようなものを見るのは癖になるので、なるべくならそういうものを見ずに詠み馴れるようにしたいものである。歌集を常日頃から心掛けてよく見るようにすべきである。

さまざまよきあしきふり（その3）

さて、これより近世《ちかきよ》のなべての歌人のならひの、よろしからざる事共をいひて、さとさむとす。

そは、まづ道統といひて、其伝来の事をいみしきわざとして尊信し、歌も教へもただ伝来正しき人のをのみ、ひたすらによき物とかたくこころえ、伝来なき人のは、歌も教へも用ひがたきものとし、又古《いにしへ》の人の歌及び其家の宗匠の歌などをば、よきあしきを考へ見ることもなく、ただ及ばぬこととして、ひたぶるに仰ぎ尊み、他門の人の歌といへば、いかほどよくてもこれをとらず、心をとどめて見んともせず、すべて己が学ぶ家の法度掟をひたすらに神の掟の如く思ひて、動くことなくこれをかたく守ることをのみ詮《せん》とするから、その教へ・法度にくくられていたくなづめる故に、よみ出づる歌みなすべて、詞《ことば》のつづけざまも一首のすがたも、近世風又一《ひと》やうに定まりたる如くにて、わろきくせ多く、其さまいやしく窮屈にして、たとへば手も足もしばりつけられたるもののうごくことかなはざるがごとく、いとくるしくわびしげに見えて、いささかもゆたかにのびらかなるところはなきをみづからかへり見ることなく、ただそれをよき事とかたくおぼえたるは、いといと固陋《ころう》にして、つたなく愚かなることと、いはんかたなし。かくのごとくにては、歌といふものの本意にたがひて、さらに雅《みやび》の趣にはあらざる也。

そもそも、道統伝来のすぢを重くいみしき事にするは、もと仏家のならひよりうつりて、宋儒の流なども然《しか》也。仏家には、諸宗おのおの、わが宗のよよの祖師の説をば、よきあしきをえらぶことなく、あしきことあるをもおしてよしと定めて尊信し、それにしたがへる他の説をば、よくても用ひざるならひなるが、近世の神学者・歌人などのならひも、全くこれより出でたるもの也。

さるは、神学者・歌人のみにもあらず。中昔《なかむかし》よりこなた、もろもろの芸道なども同じ事にて、いと愚かなる世のならはしなり。たとひいかほど伝来はよくても、その教へよろしからず、そのわざつたなくては、用ひがたし。其中に諸芸などは、そのわざによりては伝来を重んずべきよしもあれども、学問や歌などはさらにそれによることにあらず。古《いにしへ》の集共を見ても知るべし。その作者の家すぢ伝来にはさらにかかはることなく、誰にもあれ、ひろくよき歌をとれり。されば、定家卿の教へにも「和歌に師匠なし」とのたまへるにあらずや。

さて又、世々の先達の立ておかれたるくさぐさの法度掟の中には、かならず守るべき事も多く、又中にはいとつたなくして、必ずかかはるまじきも多きことなるに、ひたぶるに固くこれを守るによりて、返りて歌のさまわろくなれることも、近世はおほし。すべて此道の掟は、よきとあしきとをえらびて守るべき也。ひたすらになづむべきにはあらず。

又、古人の歌はみな勝《すぐ》れたる物のごとくこころえ、ただ及ばぬ事とのみ思ひて、そのよしあしを考へ見んともせざるは、いと愚かなること也。いにしへの歌といへども、あしきことも多く、歌仙といへども、歌ごとに勝れたる物にもあらざれば、たとひ人まろ・貫之の歌なりとも、実《まこと》によき歟《か》あしき歟を考へ見て、及ばぬまでも、いろいろと評論をつけて見るべき也。すべて歌の善悪《よしあし》を見分くる稽古、これに過ぎたる事なし。大きに益あること也。

然るに、近世の歌人のごとく、及ばぬ事とのみ心得居ては、すべて歌の善悪を見分くべき眼の明らかになるよしなくして、みづからの歌も、よしやあしやをわさまふることあたはず。さやうにて、いつまでもただ宗匠にのみゆだねもたれてあらんは、いふかひなきわざならずや。すべて近世風の歌人のごとく、何事も愚かにつたなき学びかたにては、生涯よき歌は出来るものにあらずと知るべし。

【注釈】

まづ道統といひて、其伝来の事をいみしきわざとして尊信し　以下、二条派歌学の伝授思想にたいする批判。↓【余録】

宋儒の流　宋学《そうがく》（朱子学）派。各論（ホ）「此道は、古事記・書紀の二典に記されたる」参照。古文辞《こぶんじ》学《がく》派の太宰《だざい》春台《しゅんだい》が、学問に三つの戒めがあるとして、その一番目に、「宋儒の理《り》学《がく》の書を読むべからず。性理《せいり》の説は、古聖人の意にあらず。孔子《こうし》の教えに違いて、仏・老と帰を同じくするなり。僅かにも性理の説を聞ける者は、文章の道に入りがたく、六経《りっけい》の旨を得がたし。最もこれを戒むべし」と言う（『和読要領』巻下）。

定家卿の教へにも「和歌に師匠なし」とのたまへるにあらずや　定家の『詠歌大概《えいがのたいがい》』に「和歌に師匠無し。只旧歌を以て師と為す」とあるのをさす。『あしわけ小船』「定家卿の教えにも、歌道伝授の人に就きて学べとはのたまわず」。

たとひ人まろ・貫之の歌なりとも、実によき歟あしき歟　人麻呂《ひとまろ》は早くから歌聖と崇められ、和歌三神にかぞえられ（『和漢三才図会《わかんさんさいずえ》』『安斎随筆《あんさいずいひつ》』『類聚名物考《るいじゅめいぶつこう》』など）、明石と島根には柿本神社がある。貫之《つらゆき》も歌の上手として、とくに堂上歌人から尊信された。『義正聞書《よしまさききがき》』「福大明神は貫之の霊社に御座候哉。／成程《なるほど》、貫之の霊を祭りたるという事故、此方世話いたし、御社も修補いたし候。貫之の霊社なれば、歌読む者誰々も信ずべき事に候」。『戴恩記《たいおんき》』巻下「当流の秘伝には、人丸・貫之・定家卿を、和歌之三尊とあがめ奉る事なり」。

【口語訳】

さて、以下では、近頃のすべての歌人の習慣のよくないところを述べてみよう。

それは、まず道統といって、その伝来のことを大事として尊信し、歌も教えも、ただ伝来の正しい人だけを、ひたすらにいいと思いこむことだ。伝来のない人のは、歌も教えも用いがたいとして、また古の人の歌やその家の宗匠の歌などを、よしあしを考えもせず、ただただ力及ばぬこととして、無批判に仰ぎ尊ぶ。他門の人の歌といえば、どんなによくても、それをとらず、心にとどめようともしない。すべて自分の学ぶ家の法度をひたすらに神の掟のごとく思って、これをかたく守ることばかりに一生懸命になるものだから、その教えや規則にとらわれてこだわる。それゆえ、詠む歌はみなすべて、ことばのつづけざまも一首の姿も現代風になるか、また千篇一律のお定まりになる。悪い癖がおおくなって、歌のさまは卑しく窮屈で、たとえば手も足もしばりつけられた者が動けないように、ひどく苦しくわびしく見える。いささかもゆたかでのびやかなところがない。それを自分では反省することもなく、ただそれをいいこととかたく信じているのは、固陋で拙く愚かである。こんなことでは、歌というものの本意に反して、とうてい雅の趣といえないのである。

そもそも道統伝来の筋を重く大事なこととするのは、もと仏家のならいからおこったことである。宋儒なども同様である。仏家では、諸宗派それぞれ、わが宗の代々の祖師の説を、善悪をえらぶことをしない。悪であっても無理に善として尊信し、それに反する他派の説を、よくても用いないのが仏家のならいであって、近世の神学者・歌人などのならいも、まったくこれから出ているのである。

それは、神学者・歌人だけではない。中古以来、いろいろな芸道なども同様で、まことに愚かなる世のならわしである。たとえいかに伝来はよくても、その教えがよろしくなく拙《つたな》ければ、それは採用できない。芸能なら、場合によっては、伝来を重んずべきいわれもあろうが、学問や歌などは、さらさら伝来によるべきことではない。それは、古の歌集を見ても知られる。その作者の家柄・伝来などにかかわることなく、だれにもあれ、ひろくよい歌をとっている。さればこそ、定家卿の教えにも「和歌に師匠なし」とおっしゃっているではないか。

たしかに、先達の定めたさまざまの規則のなかには守るべきこともある。だが、なかには拙くて関わらないほうがいいものも多いのに、なんでもかんでもこれをかたく守って、かえって歌のさまが悪くなることも近年では多い。すべて歌の道のおきては、よしあしを選んで守るべきである。いたずらにこだわるべきではない。

また、古人の歌はみな優れたもののように心得て、ただ及びもつかないとばかりに思って、そのよしあしを考えてみようともしないのは、まことに愚かである。古の歌といえども拙いものも多く、歌仙といえどもすべての歌が優れているというのでもない。だから、たとえ人麻呂・貫之の歌であっても、ほんとによいものかそうでないかをよく考えて読む、及ばぬまでも、いろいろと評論して読む、歌のよしあしを見分ける修練にこういうやり方以上のものはなく、おおいに有益である。

ところが、近頃の歌人のように、及ばぬこととばかり心得ていては、歌のよしあしを見分ける眼力もつかず、自分の歌もいいかわるいかをわきまえられない。そんなことでは、いつまでたっても、ただ先生にだけ頼っていなければならない。情けないことではないか。すべて現代の歌人のように、なんにつけても愚かに拙い学び方では、一生涯、よい歌は出来ないものと心すべきである。

【余録】

『玉勝間』巻二「師の説になづまざる事」に次のごとく言う。

——わたしが古典を解釈するとき、師の真淵先生の説と異なるところがあって、師の説の間違いをはっきり指摘することも多い。それをあってはならないことだと思う人がいるけれども、これこそわが師の心であって、つねにわたしに教えられた。

「のちに優れた考えが生まれたときには、それが師の説と違っていたからといって、遠慮していてはいけない」と。これは大変すばらしい教えであって、わが師の優れている点だ。

そもそも、いにしえを考究するのに、けっして一人や二人の力でもって明らめつくせるものではない。また、よい説だからといって、まったく誤りもないなどということはありえない。かならず間違いも混じるものである。自分では「今ではいにしえの意味もことごとく明らかになった。これ以外の解釈はありえない」と思っていても、意外と、ほかの人の優れた考えも出てくるのである。

たくさんの人の手を経るあいだに、前の蓄積のうえに立って、さらによく考え究めるのだから、次第に詳しくなってゆくものである。したがって、師の説だからといって、拘泥して守るものではない。善悪をわきまえずひたすら古きをまもるのは、学問の道にあってはならない。

また、自分の師などの間違ったところを指摘するのは畏れ多いことではあるが、それも言わなければ、世の学者がその説に惑って、ずっと正しい説を知る機会がない。師の説といえども、間違いと知りながら黙っていて、よいように繕おうとするのは、ただ師だけを尊んで道を思っていないということである。

宣長は道を尊んでいにしえを思う。ひたすら道を明らかにしようと思い、古意の明らかになることのみを思うゆえ、個人的には師を尊ぶという気持ちが欠けていることを、よくないと批判するなら批判してもかまわない。それは仕方のないことだ。人から謗《そし》られまいとか、いい人でいようとかして、道を曲げて、すべきことをしないということがあっていいだろうか。

これがすなわち師の教えなのであるから、かえってわたしのほうが師を尊んでいると思うのだが、いかがであろうか。

また、『玉勝間』巻九「道のひめこと」に、こうある。

——どんな道でも、その大事として、世間にもらさず秘めて隠すことが多い。

だが、本当にその道の大事であるというなら、それだからこそ世に広めたいものだ。あまりに重大視してたやすく伝えないとなると、先細って、やがて絶えてなくなりかねない。

そもそも、みだりに広めるとその道が軽薄になるというのも、一見すると道理であるようだけれども、たとい軽薄になることはあっても、それでも世に広まることこそがいいのだ。広ければ、そのなかには、おのずから重いものもあるものである。いかに重々しいとしても、狭く僅かであろうとするのは、よいこととはいえない。まして絶えてしまっては、なんにもならない。

しかし、近き時代、いろいろな道で秘伝口訣などというのは、おおくは道を重くするといって、ただ名目だけ、本当は、人に知らせず自分だけのなかに秘めおいて、世に誇ろうとする私心の汚い心持ちの人間がおおいのだ。

そういった類は、零細な諸芸の道などではあってもいいけれども、まっとうな道においてはあってはならないことである。

さまざまよきあしきふり（その4）

さて又、はじめにいへる如く、歌をよむのみにあらず、ふるき集共をはじめて歌書に見えたる万《よろづ》の事を解き明《あき》らむる学び有り。世にこれを分けて歌学者といへり。歌学といへば、歌よむ事をまなぶことなれども、しばらく件《くだり》のすぢを分けて然《しか》いふ也。

いにしへに在りては、顕昭《けんしよう》法橋《ほつきよう》など此すぢなるが、其説はゆきたらはぬ事多けれども、時代ふるき故に、用ふべき事もすくなからざるを、近世三百年以来の人々の説は、かの近世やうのおろかなる癖《くせ》おほきうへに、すべてをさなきことのみなれば、いふにもたらず。然るに、近く契沖ほうし出でてより、此学大きにひらけそめて、歌書のとりさばきはよろしくなれり。

さて、歌をよむ事をのみわざとすると此歌学の方をむねとすると、二《ふた》やうなるうちに、かの顕昭をはじめとして、今の世にいたりても、歌学のかたよろしき人は、大抵いづれも、歌よむかたつたなくて、歌は、歌学のなき人に上手がおほきもの也。これは専一にすると然らざるとによりて、さるどうりも有るにや。

さりとて、歌学のよき人のよめる歌は皆必ずわろきものと定めて心得るは、ひがことと也。此二すぢの心ばへをよく心得わきまへたらんには、歌学いかでか歌よむ妨げとはならん。妨げとなりてよき歌をえよまぬは、そのわきまへのあしきが故也。

然れども、歌学の方は大概にても有るべし。歌よむかたをこそ、むねとはせまほしけれ。歌学のかたに深くかかづらひては、仏書・からぶみなどにも広くわたらでは事たらはぬわざなれば、其中に無益の書《ふみ》に功《てま》をつひやすこともおほきぞかし。

【注釈】

はじめにいへる如く、歌をよむのみにあらず　総論「物まなびのすぢ」の「歌の学び有り。それにも、歌をのみよむと、ふるき歌集・物語書などを解き明らむるとの二やうあり」をさす。

顕昭法橋　平安末〜鎌倉初期の人。御子《みこ》左家《ひだりけ》の出。『千載集《せんざいしゅう》』以下の勅撰集にも入集される歌人であるが、歌論書の『顕昭陳状《けんしょうちんじょう》』、古今集の注釈書『顕註密勘《けんちゅうみっかん》』などの著者として、後世、歌学者の名でとおっている。

かの顕昭をはじめとして、今の世にいたりても　『兼載雑談《けんさいぞうたん》』巻四にも次のように言う。「顕昭は大才の人なり。寂蓮《じゃくれん》は無才覚の人なり。顕昭は歌の下手なり。寂蓮は上手なり。顕昭云う、『歌はやすきものなりけるよ。寂蓮程《ほど》無才覚なれども、歌をばよくよむ』と云えりければ、又寂蓮云う、『歌は大事のものなりけるよ。あれほど大才なれども、歌は下手なりける』と云いければ、……」。

歌よむかたをこそ、むねとはせまほしけれ　『石上私淑言《いそのかみのささめごと》』巻三でも、実作をすることによってはじめて、「世の人の心の趣」をわきまえ、「事の心」を知るのだ、という。

【口語訳】

さてまた、冒頭で言ったように、歌をつくるだけでなく、古い歌集をはじめとしてそれに見えるさまざまのことを研究する学問がある。世にこれをとくに歌学者という。歌学といえば、詠歌を学ぶことなのだが、しばらくそれとは分けて呼ぶことにしよう。

古くは顕昭法橋などがこの方面の代表であるが、その説には不十分なところが多いけれども、時代がふるいゆえ、とるべき説も少なくない。だが、ここ三百年以来の歌学者の説は、あの現代風の愚かな癖があって、そのうえすべて幼稚なことばかりなので、論ずるに足らない。しかし、契沖法師が出てからは、この学問が大いにひらけ始めて、歌書の研究は格段に進歩した。

さて、歌の実作だけとこの歌学を主とするのと、二方面のうちで、かの顕昭をはじめとして現代にいたるまで、歌学に優秀な人は、いずれも詠歌は下手である。歌は、歌学のない人に上手なのが多い。これは、専一にするのとそうでないのとの違いでそうなるのであろう。

さりとて、歌学のある人の詠む歌がみなかならず下手だと決めてかかるのは、また間違っている。この二つの分野の趣意をよく心得わきまえていれば、歌学がどうして詠歌の妨げとなろうか。妨げとなっていい歌ができないというのは、ようするに、その分別のしかたが悪いからである。

しかし、歌学のほうは大概にしていいであろう。詠歌のほうをこそ主体としたいものである。歌学のほうに深くかかずらっていては、仏書・漢籍などにも広く目配りせねばならず、そのなかには無益の書に手間をかけることも多くなるからである。

物語ぶみども

(ク)物語ぶみどもをもつねに見るべし。

此事の子細は、源氏物語の玉《たま》の小櫛《をぐし》にくはしくいへれば、ここにはもらしつ。

【注釈】

源氏物語の玉の小櫛　宣長著述の源氏物語注釈書。九巻九冊。寛政八年完成し、同一一年刊行。早くからおこなっていた源氏の講義の成果。巻一・二の総論で有名な「もののあわれ」論を展開し、巻三の年立《としだて》は今日の研究にもじゅうぶんに堪えられるものである。巻五以下が注釈で、文脈を正確に読み解こうとする態度は、本書『うひ山ぶみ』の所論と軌を一にする。「さてそはいかなる趣なる物にて、何のためによむものぞというに、人かた物がたりは、世の中に有りとある、よき事あしき事、めずらしきことおかしきこと、おもしろき事あわれなる事などのさまざまを、書きあらわして、そのさまを、絵にもかきまじえなどして、つれづれなるほどの、もてあそびにし、又は心のむすぼほれて、物おもわしきおりなどの、なぐさめにもし、世の中のあるようをも心得て、もののあわれをもしるものなり」（総論）。

【口語訳】

このことは『源氏物語玉の小櫛』にくわしく述べているので、ここでは省略する。

いにしへ人の風雅のおもむき

(ヤ)いにしへ人の風雅のおもむきをしるは云々。

すべて人は、雅《みやび》の趣をしらでは有るべからず。これをしらざるは、物のあはれをしらず、心なき人なり。かくてそのみやびの趣をしることは、歌をよみ、物語書《ものがたりぶみ》などをよく見るにあり。然して、古人のみやびたる情《こころ》をしり、すべて古《いにしへ》の雅たる世の有りさまをよくしるは、これ古の道をしるべき階梯也。

然るに、世間《よのなか》の物学びする人々のやうを見渡すに、主《むね》と道を学ぶ輩《ともがら》は上にいへるごとくにて、おほくはただ漢流《からぶり》の議論理窟にのみかかづらひて、歌などよむをばただあだ事のやうに思ひすてて、歌集などはひらきて見ん物ともせず、古人の雅情《みやびのこころ》を夢にもしらざるが故に、その主《むね》とするところの古の道をもしることあたはず。かくのごとくにては、名のみ神道にて、ただ外国《とつくに》の意《こころ》のみなれば、実《まこと》には道を学ぶといふものにはあらず。

さて又、歌をよみ文を作りて、古をしたひ好む輩は、ただ風流のすぢにのみまつはれて、道の事をばうちすてて、さらに心にかくることなければ、よろづにいにしへをしたひて、ふるき衣服・調度などをよろこび、古き書《ふみ》をこのみよむたぐひなども、皆ただ風流のための玩物《もてあそびもの》にするのみ也。

そもそも人としては、いかなる者も、人の道をしらでは有るべからず。殊《こと》に何《いづれ》のすぢにもせよ、学問をもして書をもよむほどの者の、道に心をよすることなく、神のめぐみのたふときわけなどをもしらず、なほざりに思ひて過すべきことにはあらず。古をしたひたふとむとならば、かならずまづその本《もと》たる道をこそ、第一に深く心がけて明《あき》らめしるべきわざなるに、これをさしおきて末にのみかかづらふは、実にいにしへを好むといふものにはあらず。さては歌をよむも、まことにあだ事にぞ有りける。のりながらがをしへにしたがひてものまなびせんともがらは、これらのこころをよく思ひわきまへて、あなかしこ、道をなほざりに思ひ過すことなかれ。

【注釈】

物のあはれ　宣長の若いころの歌論や物語論で、文芸の本質をなすとした美的理念。『あしわけ小船』（宝暦六年ごろ）にその語が見えているが、やがて『安波礼弁《あわれべん》』（同八年）をへて、

『紫文要領《しぶんようりょう》』（同一三年）『石上私淑言《いそのかみのささめごと》』（同年か）にいたってより深まった。「おおよそこの物語（源氏物語）五十四帖は、物のあわれを知るという一言にて尽きぬべし」と言う。

『石上私淑言』巻一で、「物のあわれを知るとは、いかなることぞ」という問いに、宣長は次のように答える。「人は心が明らかなので、思いが複雑で深い。だから、人は歌なしではいられない。思いが複雑で深いのは、すなわち物のあわれを知るからである。ものごとにふれるごとに心は動く。あるときは悲しく、またあるときは腹立たしく、また喜ばしく、楽しく面白く、恐ろしく憂わしく、いとおしく憎らしく恋しく厭わしく、さまざまに思うことがある、これらは物のあわれを知るゆえに、心が動くのである。物のあわれを知るゆえに心が動くとは、どういうことか。嬉しかるべきことにあって嬉しく思うのは、その嬉しかるべきことの本質をわきまえ知るゆえに嬉しいのである。悲しかるべきことについても同様。ことにふれてその嬉しく悲しいものごとの本質をわきまえ知る、それを、物のあわれを知るというのである。人は、ものごとの本質をよくわきまえるから、物のあわれを知るのである」。

かくてそのみやびの趣をしることは、歌をよみ、物語書など『紫文要領』巻上「物語は物の哀れを書き記して、読む人に物の哀れを知らするというものなり」。

【口語訳】

人は、雅《みやび》の趣を知らないではいられない。これを知らない者は、もののあわれを知らず、心ない人である。その雅の趣を知ることは、歌を詠み物語などをよく見ることにある。そして、古人の雅な心情を知って、すべて古《いにしえ》の雅な時代のありさまをよく知ることは、これすなわち古の道を知るための階梯である。

ところが、世間の学者を観察するに、道を学ぶという人たちは、上述のごとく、ただ異国流の議論理屈に陥って、歌を詠むなどということを、ただ虚しい行為と見なし、歌集などは開こうともせず、古人の雅情がまったく理解できていない。それゆえ、目指すところの古の道も知ることができないでいる。こんなことでは、名だけが神道で、中身は外国の思想しかないので、実際は道を学ぶなどというものではない。

また、歌を詠んで文を作って古を慕う者は、ただ風流のほうにばかり心が行って、道の学びをわすれてしまいがちになる。その手の人は、ぜんぜん道のことを心にかけることがない。古を慕い古い衣服・調度などをよろこんで、古い書物をこのんで読むとはいっても、それらはただ風流のための玩物《がんぶつ》になっているだけである。

そもそも人としては、どんな人間でも、人の道を知らないではいられない。どんな方面のことでも、学問をして書物をも読むほどの者は、道に心を寄せることがないとか、神のめぐみの尊いことがわからずなおざりにするとかがあってはならない。古を慕い尊ぶというなら、かならずまずその根本である「道」をこそ、第一に深く心掛けて、明らかにすべきである。なのに、それをさしおいて、末葉にばかりかかわっているのは、じつは古を好むということではない。そうなっては、歌を詠むのもほんとうに虚しい営みになってしまう。宣長の教えに従って学問しようという者は、ここのところをよくわきまえて、「道」をなおざりにしてはいけない。

宣長奥書

こたみ此書《ふみ》かき出でつることは、はやくより、をしへ子どものねんごろにこひもとめけるを、年ごろいとまなくなどして聞き過しきぬるを、今は古事記伝もかきをへつればとて、又せちにせむるに、さのみもすぐしがたくて物しつる也。にはかに思ひおこしたるしわざなれば、なほいふべき事どものもれたるなども多かりなんを、うひまなびのためには、いささかたすくるやうもありなんや。

いかならむうひ山ぶみのあさごろも浅きすそ野のしるべばかりも　本居宣長

寛政十年十月の廿一日のゆふべに書きをへぬ

【注釈】

今は古事記伝もかきをへつればとて　『古事記伝』巻四四の終章の清書を卒業するのが、この年六月一三日。九月一三日に鈴屋で完成祝賀会がおこなわれた。

うひ山ぶみ　山踏みは、山路を踏んで行くこと。とくに仏教修行のための山歩きをいい、学問の道に入りそめたことのたとえとして使っている。

【口語訳】

このたびこの書を著すについて、はやくから教え子たちが熱心に勧めていたのだが、ずっと忙しくて聞き過ごしてきた。だが、いまは『古事記伝』も完成したのだからと、またしつこく言うので、さすがに聞き流すこともできなくなって執筆した。急に思いたっての仕事であるので、言いたいことで漏れたものもきっと多いだろうが、初学者のためには、いささかの標《しるべ》になることもあるであろう。

はじめての山歩きに着る粗末な麻布のような、こんな拙いわたしの教えでも、せめて裾野（初学）の標《しるべ》にはなるだろう。　　本居宣長

寛政一〇年一〇月二一日の夕べに書きおえる。

KODANSHA

本書は、『本居宣長「うひ山ぶみ」全読解』（右文書院、平成一五年）のうち、「うひ山ぶみ」本文・注釈・口語訳を改訂し、構成を変更して、あらたに「解説」を執筆したものである。

白石良夫（しらいし　よしお）

1948年，愛媛県西条市生まれ。九州大学大学院修士課程修了。83年に文部省（現文部科学省）入省。教科書検定に携る。2009年退官。元佐賀大学文化教育学部教授。文学博士。主要著書に，『かなづかい入門』『幕末インテリジェンス』『説話のなかの江戸武士たち』『江戸時代学芸史論考』等，エッセイに『文芸部室と無邪気な夢』がある。

講談社学術文庫

定価はカバーに表示してあります。

本居宣長《もとおりのりなが》「うひ山《やま》ぶみ」

全訳注　白石良夫《しらいしよしお》

2009年4月13日　第1刷発行
2025年10月6日　第13刷発行

発行者　篠木和久
発行所　株式会社講談社
東京都文京区音羽2-12-21 〒112-8001
電話　編集（03）5395-3512
販売（03）5395-5817
業務（03）5395-3615

装　幀　蟹江征治
印　刷　株式会社ＫＰＳプロダクツ
製　本　株式会社国宝社
本文データ制作　講談社デジタル製作

ISBN978-4-06-291943-2

「講談社学術文庫」の刊行に当たって

これは、学術をポケットに入れることをモットーとして生まれた文庫である。学術は少年の心を養い、成年の心を満たす。その学術がポケットにはいる形で、万人のものになることは、生涯教育をうたう現代の理想である。

こうした考え方は、学術を巨大な城のように見る世間の常識に反するかもしれない。また、一部の人たちからは、学術の権威をおとすものと非難されるかもしれない。しかし、それはいずれも学術の新しい在り方を解しないものといわざるをえない。

学術は、まず魔術への挑戦から始まった。やがて、いわゆる常識をつぎつぎに改めていった。学術の権威は、幾百年、幾千年にわたる、苦しい戦いの成果である。こうしてきずきあげられた城が、一見して近づきがたいものにうつるのは、そのためである。しかし、学術の権威を、その形の上だけで判断してはならない。その生成のあとをかえりみれば、その根は常に人々の生活の中にあった。学術が大きな力たりうるのはそのためであって、生活をはなれた学術は、どこにもない。

開かれた社会といわれる現代にとって、これはまったく自明である。生活と学術との間に、もし距離があるとすれば、何をおいてもこれを埋めねばならない。もしこの距離が形の上の迷信からきているとすれば、その迷信をうち破らねばならぬ。

学術文庫は、内外の迷信を打破し、学術のために新しい天地をひらく意図をもって生まれた。文庫という小さい形と、学術という壮大な城とが、完全に両立するためには、なおいくらかの時を必要とするであろう。しかし、学術をポケットにした社会が、人間の生活にとってより豊かな社会であることは、たしかである。そうした社会の実現のために、文庫の世界に新しいジャンルを加えることができれば幸いである。

一九七六年六月

野間省一